¿Somos compatibles?

Si está interesado en recibir información
sobre nuestras publicaciones,
envíe su tarjeta de visita a:

Allan y Barbara Pease

¿Somos compatibles?

El libro de las preguntas claves sobre tu relación

Amat Editorial

La edición original de esta obra ha sido publicada en lengua inglesa
por Orion Books (Publishers) Ltd, Londres, con el título
How Compatible Are You?

Autores: *Allan* y *Barbara Pease*
Traducido por: *Isabel Murillo*
Diseño cubierta: *Jordi Xicart*

ISBN: 84-9735-192-4
Depósito legal: B-22.586-2005
Fotocomposición: Zero Pre impresión, S.L.
Impresión: T.G. Vigor, S.A. - Sant Feliu de Llobregat (Barcelona)
Impreso en España - *Printed in Spain*

Índice

Introducción

Los malentendidos y los conflictos entre sexos, incluso en el siglo XXI, siguen todavía tan presentes en nuestra vida como lo estaban cuando Adán cayó prendado de Eva. Durante las tres décadas que llevamos investigando las diferencias entre hombres y mujeres, hemos recibido decenas de miles de preguntas sobre por qué los hombres y las mujeres nos comportamos de determinada manera. Las cartas, las llamadas telefónicas y los mensajes de correo electrónico proceden de personas sorprendidas por todo tipo de cosas que hacen los miembros del sexo opuesto, y que se sienten frustradas e inútiles porque no saben exactamente cómo afrontarlas. Como resultado de nuestra investigación y del gran interés demostrado por las diferencias en la forma de actuar y pensar de hombres y mujeres, escribimos dos libros: *Por qué los hombres no escuchan y las mujeres no entienden los mapas* y *Por qué los hombres mienten y las mujeres lloran*, con los que pretendimos ayudar a la gente a comprenderse mejor y a comunicarse.

Este nuevo libro le ofrece ahora la oportunidad de ponerse a prueba, junto con su pareja, en todo lo referente a estas preguntas. Hemos desarrollado diversos cuestionarios especiales para cada uno de los capítulos más importantes de nuestros anteriores libros, que le ayudarán a descubrir lo que usted y su pareja piensan.

¿Qué sabe en realidad su pareja de usted? ¿Le escucha su pareja cuando usted le explica algo? ¿Tiene su pareja mejores habilidades espaciales que usted? Y en cuanto a conducir y aparcar, ¿quién es mejor? ¿Qué tipo de pareja sería la mejor para usted? ¿Es usted un buen amante? ¿Está su amistad preparada para convertirse en una relación? ¿Es probable que le sea fiel? ¿Es realmente la crisis que sufre su relación culpa de la suegra? ¿O el responsable es usted? ¿O son ustedes los responsables de la misma? ¿Le miente su pareja? ¿Hablan usted y su pareja con objetivos distintos?

Ahora podrá responder éstas y muchas más preguntas. Los tests que aparecen en este libro le revelarán cosas nuevas y apasionantes sobre usted y su pareja. ¡Y puede empezar ahora mismo!

¡Diviértase mucho con el libro!

ALLAN Y BARBARA PEASE

1

Hablar y escuchar

Qué dicen las mujeres

Qué escuchan los hombres

Por qué los hombres no hablan y las mujeres hablan mucho

Sabemos desde hace miles de años que los hombres no son grandes conversadores, sobre todo si los comparamos con las mujeres. El habla no es para el cerebro de los hombres una habilidad tan importante como lo es para las mujeres. Opera principalmente en el lóbulo cerebral izquierdo del hombre y no tiene una localización específica. Cuando un hombre habla, las imágenes que se obtienen mediante resonancia magnética muestran que la totalidad de su hemisferio izquierdo entra en actividad y trata de localizar el centro del habla.

Los hombres evolucionaron como cazadores de alimentos, no como comunicadores. La caza se realizaba a través de una serie de señales de lenguaje corporal y era frecuente que los cazadores permanecieran horas sentados en silencio vigilando su presa. Ni hablaban ni se relacionaban. Cuando los hombres modernos salen juntos a pescar, pueden pasarse horas sentados sin apenas cruzar palabra. Se lo pasan en grande disfrutando de la mutua compañía, pero no sienten la necesidad de expresarlo en palabras. Pero si las mujeres pasaran un tiempo juntas y sin hablar, sería indicativo de la existencia de un problema importante.

En el caso de las mujeres, el habla se localiza en un área específica, principalmente en el hemisferio frontal izquierdo, con otras áreas concretas de menor tamaño situadas en el hemisferio derecho. Tener el habla en ambos lados del cerebro convierte a las mujeres en buenas conversadoras. Gracias a esas áreas concretas y de mayor tamaño dedicadas al control del habla, el resto del cerebro de la mujer queda disponible para dedicarse a otras tareas, permitiéndole realizar muchas cosas distintas a la vez. Los centros especializados del habla en las mujeres les proporcionan una superioridad en su capacidad para los idiomas y en la destreza verbal.

Las mujeres solían pasar sus días en compañía de otras mujeres y niños del grupo, y por ello desarrollaron la habilidad de comunicarse con éxito para poder mantener relaciones.

Lo básico del saber escuchar

Típicamente, la mujer suele utilizar una media de seis expresiones de escucha en un período de diez segundos para reflexionar, y luego retroalimentar las emociones de quien le habla. La mujer lee el significado de lo que se dice a través del tono de voz y del lenguaje corporal de quien le habla. Esto es exactamente lo que el hombre necesita poder hacer para captar la atención de una mujer… y conseguir que siga escuchándole. La mayoría de los hombres se amilanan ante la perspectiva de tener que utilizar la retroalimentación facial mientras escuchan, pero el hombre que llega a dominarla obtiene grandes dividendos.

El objetivo biológico que nuestro guerrero ancestral se imponía cuando escuchaba era permanecer impasible y no traicionar sus emociones. Esta máscara carente de emociones que los hombres utilizan cuando escuchan les permite sentirse en control de la situación. No significa que el hombre no experimente emociones; los escáneres cerebrales revelan que los hombres sienten las emociones con más fuerza que las mujeres, pero evitan demostrarlo.

El gran test del saber escuchar

Las siguientes preguntas le servirán para poner a prueba a su pareja. Aquí no podrá engañarle tan fácilmente. ¿Le escucha realmente o no? ¿Sabe lo que a usted le gusta y le disgusta especialmente… o sólo lo simula? ¿Y usted? ¿Espera con frecuencia demasiado de su pareja y de su habilidad para expresarse o puede afrontar sus debilidades? Este test saca la verdad a relucir.

Si es usted hombre, realice el test de la página 16. Las mujeres deberían completar las preguntas que siguen. Si quieren ponerse a prueba también en el sentido contrario, realicen una copia de los cuestionarios antes de rellenarlos.

Responda con cuidado las preguntas y pida a su pareja que rellene después su formulario… naturalmente, sin haber leído sus respuestas.

Su nombre: ______________________________

1. ¿Qué fue lo que más le molestó la semana pasada?

____

2. ¿Tenía usted una mascota cuando era niña? Si la respuesta es sí, ¿de qué tipo?

____

3. ¿Qué sucedió durante su último sueño?

____

4. ¿Qué película le ha emocionado más durante las últimas semanas o meses? ¿Por qué?

____

5. ¿Cuándo es el cumpleaños de su mejor amiga?

____

6. ¿Cree usted en la vida después de la muerte?

____

7. ¿Qué costumbre de su pareja es la que más le molesta?

____

8. ¿Cómo puede su pareja hacerla siempre feliz?

____

9. ¿Qué libro está usted leyendo o ha terminado de leer recientemente?

____

10. ¿Tiene la sensación de que su pareja le escucha?

____

11. ¿Están sus problemas en buenas manos con su pareja?

____

12. ¿Tiene usted algún ídolo? Si la respuesta es sí, ¿quién es?

____

13. ¿A qué país le gustaría más viajar?

____

14. ¿Qué propósitos de Año Nuevo hizo usted el año pasado?

____

15. ¿Tiene usted principios? Cite los tres más importantes.

____

Nombre de su pareja: ______________________________

1. ¿Qué fue lo que más molestó a su pareja la semana pasada?

____

2. ¿Tenía su pareja una mascota cuando era niña? Si la respuesta es sí, ¿de qué tipo?

____

3. ¿Qué sucedió durante el último sueño de su pareja?

____

4. ¿Qué película ha emocionado más a su pareja durante las últimas semanas o meses? ¿Por qué?

____

5. ¿Cuándo es el cumpleaños de la mejor amiga de su pareja?

____

6. ¿Cree su pareja en la vida después de la muerte?

____

7. ¿Cuál de sus costumbres molesta más a su pareja?

____

8. ¿Cómo podría hacer siempre feliz a su pareja?

____

9. ¿Qué libro está leyendo o ha terminado de leer su pareja recientemente?

____

10. ¿Tiene su pareja la sensación de que usted le escucha?

____

11. ¿Piensa su pareja que sus problemas están en buenas manos con usted?

____

12. ¿Tiene su pareja algún ídolo? Si la respuesta es sí, ¿quién es?

13. ¿A qué país le gustaría más viajar a su pareja?

14. ¿Qué propósitos de Año Nuevo se hizo su pareja el año pasado?

15. ¿Tiene principios su pareja? Cite los tres más importantes.

Evalúe su necesidad de hablar

La construcción de relaciones a través del habla es una prioridad en el entramado cerebral de las mujeres. La mujer puede pronunciar sin esfuerzo una media de entre seis mil y ocho mil palabras diarias. Utiliza adicionalmente entre dos mil y tres mil sonidos, vocalmente, para comunicar, además de entre ocho mil y diez mil gestos, expresiones faciales, movimientos de cabeza y otras señales del lenguaje corporal. Esto le proporciona una media diaria de más de veinte mil «unidades» de comunicación para transmitir su mensaje.

Contrastemos la «charla» diaria de la mujer con la del hombre. El hombre pronuncia sólo entre dos mil y cuatro mil palabras y entre mil y dos mil sonidos vocales, y emite simplemente entre dos mil y tres mil señales de lenguaje corporal. Su media diaria asciende a cerca de siete mil «unidades» de comunicación... un tercio de lo que emiten las mujeres.

¿Cómo estimaría su necesidad personal de hablar? ¿La describiría como alta o baja? ¿Se corresponde con los últimos resultados de la investigación? En las preguntas que siguen, señale la respuesta que más coincida con usted y así lo descubrirá enseguida. No existen respuestas malas o buenas, y los puntos conseguidos no reflejan «buenos» o «malos» resultados.

1. Ha ido de excursión con su pareja. Después de cuatro horas de ascenso, llegan a la cima. ¿Qué hace?

a. Disfruta en silencio de la vista y se dice para sus

adentros que el esfuerzo ha merecido la pena. (0 puntos)

b. Da una vuelta por allí, lo observa bien todo y luego comenta que la vista es fantástica. (3 puntos)

c. Ya que su pareja no está a su lado, usted llama a alguien desde su teléfono móvil para explicarle lo fantástica que es la vista. Si no consigue comunicar con nadie, envía un mensaje de texto. Al fin y al cabo, se trata de compartir con alguien su sentimiento de felicidad. (5 puntos)

2. Tiene usted cierta predilección por el yoga y está intentando realizar una figura extremadamente complicada cuando entra su pareja y quiere decirle una cosa. ¿Cómo reacciona?

a. Ningún problema. Sigue en ello y escucha además a su pareja. (5 puntos)

b. Su concentración queda interrumpida y le pide a su pareja que vuelva un poco más tarde, pues está a punto de acabar y no quiere interrumpir su trabajo. (0 puntos)

c. Descansa un momento y habla con ella. (3 puntos)

3. Cree que la pesca es...

a. ¡Maravillosa! Una actividad útil en la que no es necesario hablar y se puede pensar un buen rato sin interferencias, aunque estés acompañado por un grupo de gente. (0 puntos)

b. Totalmente aburrida. No le encuentra la gracia a permanecer el día entero sentado junto al lago, en un silencio sepulcral, a la espera de que el pez muerda el anzuelo. (5 puntos)

c. No está mal de vez en cuando. Especialmente cuando se tiene la sensación de necesitar un poco de descanso y relajación. Pero usted podría igualmente ir al cine con sus amistades. (3 puntos)

4. ¿Cómo se comporta usted cuando tiene que solucionar un complicado problema matemático?

a. Murmura constantemente, porque así le resulta más fácil solucionar el problema. (5 puntos)
b. Se centra en el problema en silencio y se concentra plenamente en la solución. Apenas percibe el mundo que le rodea. (0 puntos)
c. Intenta durante un rato solucionarlo. Si no encuentra la solución, pide ayuda a alguien. (3 puntos)

5. ¿Le resulta desagradable sentarse con un grupo de gente y experimentar largos ratos de silencio durante la conversación?

a. No. (0 puntos)
b. Depende de la situación. A veces puede resultar maravilloso, a veces, extremadamente deprimente. (3 puntos)
c. Sí, porque siempre piensas que algo va mal. (5 puntos)

6. Su jefe le ofrece trabajar en un nuevo campo. Usted le pide una hora para pensárselo y…

a. Llama inmediatamente a su pareja para discutir los pros y los contras con él. Quizá habla también con algunos de sus colegas si sigue teniendo dudas. (5 puntos)
b. Reflexiona en detalle sobre la oportunidad y pide

consejo a alguien, si se queda sin saber qué hacer. (3 puntos)

c. Conecta el contestador automático, cierra la puerta del despacho y pide a sus compañeros que no le interrumpan durante una hora. Entonces sopesa la oferta y reflexiona en detalle sobre todas las posibilidades. (0 puntos)

7. Cuando ve una película emocionante por televisión:

a. La mira hipnotizado, pero no le representa ningún problema mantener una breve conversación telefónica o hablar con alguien. (3 puntos)

b. Se concentra plenamente en la película. Ni responde al teléfono ni habla con nadie, tampoco hace otras cosas. De hacerlo, no puede seguir debidamente la trama y luego le da rabia. (0 puntos)

c. Puede estar leyendo el periódico, haciendo diversas cosas, hablando por teléfono o con alguien, y aun así seguir la trama de la película perfectamente bien. (5 puntos)

8. ¿Cuál considera que es el objetivo de hablar?

a. Es esencial para crear relaciones y conservar amistades. (5 puntos)

b. Sirve principalmente para transmitir hechos e información. (0 puntos)

c. Eso depende de las circunstancias, pero básicamente los dos aspectos mencionados previamente. (3 puntos)

9. Si algo le preocupa:

a. Tiene que hablarlo con alguien de inmediato, por-

que de lo contrario el problema le obsesiona todo el día y no puede pensar en otra cosa. (5 puntos)
b. Depende de qué otras cosas tenga que hacer y de lo grave que sea el problema. Intenta solucionarlo por su cuenta o lo confía a alguien. (3 puntos)
c. Puede fácilmente olvidarse del asunto por un tiempo hasta que pueda o quiera volver a pensar en ello. (0 puntos)

10. Se encuentra en su restaurante italiano favorito con su pareja. La mayor parte de la velada transcurre en silencio. ¿Qué piensa?
a. Depende de si hubo algún problema antes. A veces les gusta estar juntos en silencio. (3 puntos)
b. Nada. Disfruta de la comida y de la compañía de su pareja y se abandona a sus propios pensamientos. (0 puntos)
c. Se pregunta si su pareja estará con usted o si ya no le quiere. (5 puntos)

Puntuaciones: El gran test del saber escuchar

Compare sus respuestas con las de su pareja y descubra con qué frecuencia son:

a) Coincidentes.
b) Similares.
c) Contradictorias.

Para respuestas coincidentes, sume 5 puntos, para respuestas similares 3 puntos, y para respuestas contradictorias sume 0 puntos. Cualquier respuesta no contestada equivale a 0 puntos.

Número de respuestas coincidentes	× 5 puntos	=	
Número de respuestas similares	× 3 puntos	=	
Número de respuestas contradictorias	× 0 puntos	=	0
Puntuación total		=	

De 75 a 65 puntos

Tienen una relación excepcional. La puntuación demuestra que usted y su pareja no sólo hablan, sino que además se escuchan. La buena comunicación es la mejor base para una relación duradera.

De 64 a 45 puntos

Sufren ocasionalmente un problema de comunicación, pero básicamente han encontrado una buena manera de hablar y escucharse. Si ambos se sienten satisfechos con su situación actual, no es necesario cambiar nada. De no ser así, deberían probar de encontrar una manera de mejorar la situación.

Menos de 45 puntos

La comunicación entre usted y su pareja no es de lo mejor. O bien es que no hace mucho tiempo que se conocen y aún no se han familiarizado el uno con el otro, o bien deberían leer o releer lo antes posible nuestro primer libro, *Por qué los hombres no escuchan y las mujeres no entienden los mapas*. Le enseñará a comunicarse con su pareja de forma efectiva.

Evalúe su necesidad de hablar

Sume la puntuación y lea la sección que le corresponda.

De 50 a 40 puntos

Usted es probablemente mujer o un hombre gay, pues su necesidad de hablar es grande o muy grande. Incluso al final de una larga jornada no ha satisfecho su cuota diaria de «palabras» de comunicación y, por lo tanto, tiene todavía mucho de que hablar. Eso es estupendo si su pareja se siente como usted. De no ser así, debería ir con cuidado y no esperar demasiado de ella y conseguir que por eso se enfade: mientras que usted habla hasta encontrar el equilibrio de las palabras que aún no ha dicho, su pareja se preguntará por qué no se calla y le deja en paz. ¡Se siente «agobiado hasta la muerte»! «Lo único que quiero es un poco de paz y tranquilidad», piensa. Debería usted mostrar un poco de consideración. Recuerde que es un cazador. Se pasa el día entero persiguiendo la comida. Lo único que desea es descansar y contemplar el fuego. Esto no significa que usted no le interese o que algo vaya mal.

De 39 a 15 puntos

O bien es usted una mujer con poca necesidad de hablar o un hombre a quien le gusta hablar más que a la mayoría de los hombres. Su necesidad de hablar viene determinada por su jornada y por lo que ha sucedido a su alrededor, y esto puede variar extremadamente de día a día.

Mientras le pueda transmitir esto a su pareja, y ésta sepa cómo manejarlo, será positivo para la relación.

En una relación, los componentes de la pareja tienen que discutir sus distintas maneras de comunicarse. Los hombres tienen que comprender que cuando una mujer habla, no espera que él le responda con soluciones, ni ella pretende volverle loco cuando le ofrece todos los detalles de lo que pretende hacer a lo largo del día. Las mujeres tienen que comprender que cuando un hombre no habla no es en absoluto una pista de que algo va mal.

Menos de 15 puntos

Probablemente es usted hombre, porque su necesidad de hablar es escasa o muy escasa. No quiere hablar de todo ni con todo el mundo, sino que valora los momentos de paz y silencio en los que no tiene que pensar en nada.

Sería maravilloso que su pareja pensase igual, pero a las mujeres, en general, les encanta hablar a menudo y en grandes cantidades. El cerebro de la mujer está precodificado para utilizar el habla como principal forma de expresión, de modo que no se lo tire en cara, y piense que este es uno de sus puntos fuertes. El objetivo de la conversación de una mujer es conversar, no solucionar problemas.

Y ello constituye una buena noticia para los hombres: significa que en la mayoría de las ocasiones no se espera de ellos que respondan, simplemente que escuchen. Cuando la mujer termina de hablar se siente aliviada y feliz. Además, pensará que el hombre que tiene delante es maravilloso porque la escucha, de modo que seguramente pasará una buena noche. Así pues, tómeselo con calma y espere impaciente disfrutar de una agradable velada.

2

Habilidad espacial

«¡Oh, no! No puedo creerlo, chicas… ¡mirad el mapa!… Me pensaba que debíamos girar a la derecha cuando viésemos esa gran montaña verde…»

Saber qué es qué y dónde es dónde

Leer mapas y comprender dónde nos encontramos es algo que tiene que ver con la habilidad espacial. Los escáneres cerebrales demuestran que esa habilidad espacial se encuentra localizada en el cerebro frontal derecho en hombres y niños, y que es una de las habilidades más potentes de los hombres. Se desarrolló en la antigüedad para permitir que los hombres, los cazadores, calcularan la velocidad, el movimiento y la distancia a la que se encontraba la presa, decidieran a qué velocidad tenían que correr para atrapar sus objetivos y supieran cuánta fuerza necesitaban para matar su comida con una piedra o una lanza.

La habilidad espacial se localiza en las mujeres en ambos hemisferios cerebrales, pero no tiene una localización concreta y mensurable como en el caso de los hombres. Sólo cerca de un veinte por ciento de las mujeres tienen una habilidad espacial buena o excelente, y cerca del ochenta por ciento de las mujeres tiene una habilidad espacial limitada en comparación con la de los hombres.

La habilidad espacial significa ser capaz de imaginarse mentalmente la forma de las cosas, sus dimensiones, coordenadas, proporciones, movimiento y geografía. Implica también ser capaz de imaginar un objeto en rotación en el espacio, llevar a cabo una carrera de obstáculos y ver las cosas desde una perspectiva tridimensional. Con los hombres, se trata de funciones cerebrales específicas que se localizan al menos en cuatro puntos del hemisferio frontal derecho.

Carecer de una habilidad espacial comparable significa que la mayoría de mujeres suelen puntuar poco en todo lo relacionado con actividades espaciales y que no es frecuente que se decanten por carreras profesionales o aficiones que las exijan, como controladores del tráfico aéreo, piloto de avión o piloto de coches.

Los siguientes tests le dirán si su habilidad espacial y sus habilidades de navegación son buenas o malas y si encaja usted en los clichés más comunes para hombres y mujeres.

Ponga a prueba sus habilidades espaciales

El siguiente test espacial exige las mismas habilidades que leer un mapa o un directorio de calles, hacer aterrizar un avión o perseguir un búfalo.

El cerebro tiene que imaginarse la imagen en tres dimensiones y luego rotarla hasta conseguir el ángulo correcto.

Test 1

Imagínese que el rompecabezas que aparece a continuación estuviese hecho de cartón. Si lo doblara por las líneas marcadas, obtendría un cubo con los símbolos dibujados en las caras externas. Suponiendo que la cara con el círculo está a la derecha y la del cuadrado está a la izquierda, ¿cuál de las opciones A, B, C o D es la correcta?

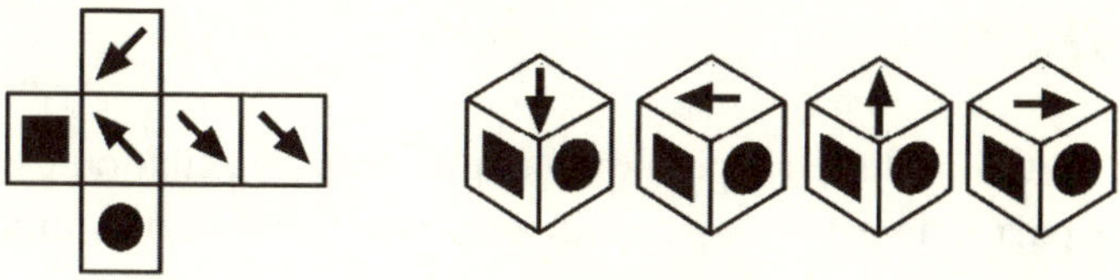

A B C D

Test 2

Estamos ahora ante una versión más compleja del test, que exige que su cerebro lleve a cabo más rotaciones espaciales.

Vuelva a imaginarse que el rompecabezas está hecho de cartón y que tiene que doblarlo para obtener un cubo. ¿A cuál de las opciones A, B, C o D se parecería?

A B C D

Además de los tests que acaba de realizar, puede también poner a prueba sus habilidades lógicas y espaciales utilizando juegos con cerillas. Pruebe con los siguientes ejemplos.

Test 3

¿Cómo lo haría para que le quedaran tres cuadrados, a partir de estos cuatro, sin tener que retirar ninguna cerilla?

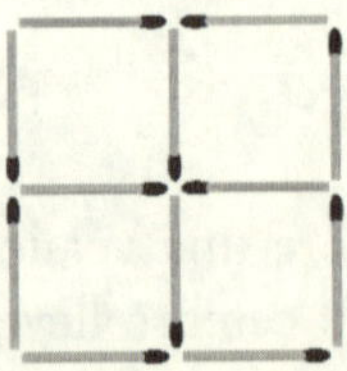

Test 4

Ahora retire tres cerillas del último test y luego forme tres cuadrados con las cerillas restantes.

Test 5

¿Cómo puede formar tres triángulos equiláteros con seis cerillas?

Test 6

En la siguiente figura, aparecen trece cerillas que forman seis áreas de igual tamaño. Retire una cerilla y reagrupe las cerillas restantes para que vuelvan a formar seis áreas de igual tamaño.

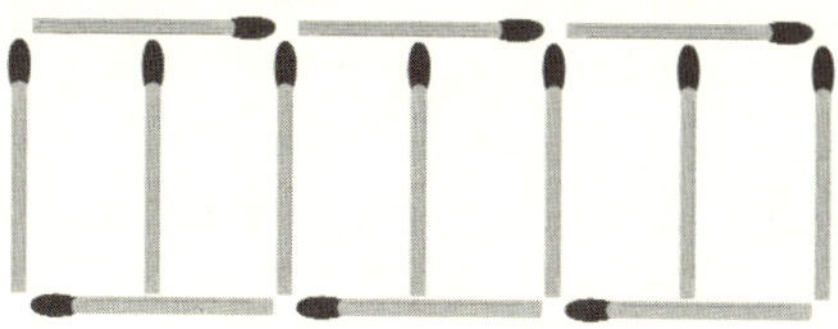

Test 7

En la siguiente figura, aparecen seis cerillas que forman cinco cuadrados. Mueva dos cerillas de modo que sólo queden tres cuadrados.

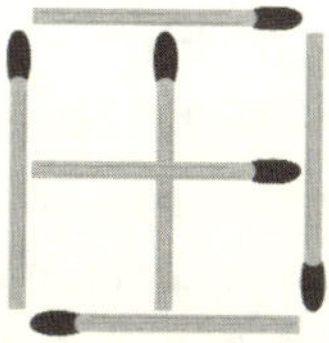

Test 8

Utilice doce cerillas para formar una figura que tenga doce ángulos rectos.

Si no puede solucionar cualquiera de las pruebas enseguida, o si no está seguro de haber formado la figura correcta, no mire las soluciones inmediatamente. No abandone tan fácilmente, intente partirse un poco la cabeza con ello. Váyase a dormir y vuélvalo a intentar al día siguiente, ¡merece la pena!

Ponga a prueba su capacidad para entender los mapas y sus habilidades de navegación

Como la teoría no sirve para nada sin la práctica, vamos ahora a comprobar cómo sabe usted utilizar sus habilidades para la navegación y su habilidad para entender los mapas en las situaciones que se producen a diario. En la primera parte, tendrá que analizar y valorar sus habilidades, en la segunda parte necesitará conocimientos y su sentido de la orientación para encontrar las respuestas correctas.

Primera parte

En las siguientes preguntas, marque la respuesta que más se aproxime a su comportamiento en las situaciones descritas.

1. Va en dirección sur en su coche y tiene que encontrar en un mapa una carretera concreta. ¿Qué hace?

a. Echa una breve y rápida mirada al mapa y sabe inmediatamente qué camino seguir.
b. Mira en silencio el mapa durante unos minutos, lo pone boca abajo para que quede en el mismo sentido en el que está conduciendo. Pero incluso así le resulta difícil encontrar la carretera.
c. Tiene que estudiar el mapa con detalle y girarlo un poco en todas las direcciones antes de encontrar lo que busca. A veces no lo consigue y tiene que acabar pidiendo ayuda a alguien.

2. Se encuentra usted haciendo turismo por una ciudad en un viaje organizado. Llevan toda la mañana paseando por la ciudad y uno de sus compañeros de viaje le pregunta en qué dirección se encuentra el castillo.

a. Sin dudarlo un instante, señala hacia el noroeste y le muestra el camino.
b. Recuerda que el castillo está en la esquina superior izquierda de su mapa pero no puede señalar hacia la dirección correcta.
c. Sabe que el castillo está en el norte de la ciudad y, después de orientarse por el sol y el lugar donde se encuentra en este momento, le señala más o menos la dirección correcta.

3. Está en un estadio gigantesco viendo un partido de fútbol. Llega el momento en que decide ir a comprar alguna cosa para comer. ¿Cuánto tarda en regresar a su asiento?

a. No mucho, porque sabe dónde está su asiento.
b. Puede llegar a tardar mucho, porque es probable

que se equivoque en el camino de vuelta y empiece a dar vueltas perdido.

c. Si recuerda las coordenadas de su asiento, entonces encuentra el camino de vuelta sin problemas.

4. Compra un equipo de vídeo y lo programa siguiendo las instrucciones del manual. ¿Lo consigue a la primera?

a. ¡Por supuesto!

b. No, llega un momento en el que tiene que darse un respiro o dejarlo correr.

c. Tarda un rato y tiene que leer algunas de las instrucciones dos veces, pero normalmente lo consigue.

5. Se olvida en casa su mapa de la ciudad, pero divisa un mapa público en el centro de la ciudad que muestra también la calle que está buscando. ¿Qué sucede a continuación?

a. Echa un breve vistazo al mapa y después encuentra el camino sin más problemas.

b. Intenta recordar el camino según el mapa, pero lo olvida pasados doscientos metros.

c. Tiene que mirar el mapa un buen rato para recordar el camino. Intenta memorizarlo utilizando como ayuda los edificios más destacados (iglesia, ayuntamiento, etcétera). Funciona.

6. ¿Era usted bueno en matemáticas cuando iba al colegio?

a. Sí, y disfrutaba con las clases.

b. No, era bastante malo, especialmente en geometría.

c. No estaba mal. Era bastante bueno en

algunas cosas, pero otras le parecían bastante complicadas.

7. Se ha perdido y pide instrucciones a un peatón. Se lo explica rápidamente. ¿Encuentra su destino?

a. Sí, porque ha «guardado» mentalmente lo que le ha dicho.
b. No, porque al cabo de poco tiempo no recuerda con seguridad si tenía que girar a la izquierda o a la derecha.
c. Normalmente sí, pero si la explicación era demasiado complicada puede que tenga dificultades.

8. Si se encontrara en una habitación sin ventanas, podría decir dónde está el norte.

a. Sí, sin ningún problema.
b. No, jamás.
c. Sí, pensándolo un poco.

9. Está de traslado. Los transportistas quieren saber dónde tienen que colocar en el nuevo comedor el aparador. ¿Qué hace?

a. Mira el aparador y sabe de inmediato si cabrá o no junto a la puerta de la cocina.
b. Mide con cuidado el aparador, anota los números en un papel, porque de lo contrario los habría olvidado al segundo. Luego mide el espacio que queda junto a la puerta de la cocina.
c. Echa un largo vistazo al aparador e intenta recordar lo ancho que era el espacio en el comedor. Si no está seguro, empieza a tomar medidas o utilizará los brazos para medir el espacio y la cadera para medir la altura.

10. ***Se dirige en coche a un gran centro comercial y aparca en un aparcamiento de varios pisos. ¿Encuentra luego el coche sin problemas?***

a. Ningún problema, ni tiene que pensar dónde lo ha aparcado.
b. No, seguramente tendrá que pasear un buen rato hasta dar con él.
c. Se siente seguro y recuerda el número de la plaza. Pero, de todos modos, es posible que camine en dirección contraria cuando regrese.

Segunda parte

1. ***¿Cuál de las siguientes ilustraciones muestra el perfil correcto de Italia?***

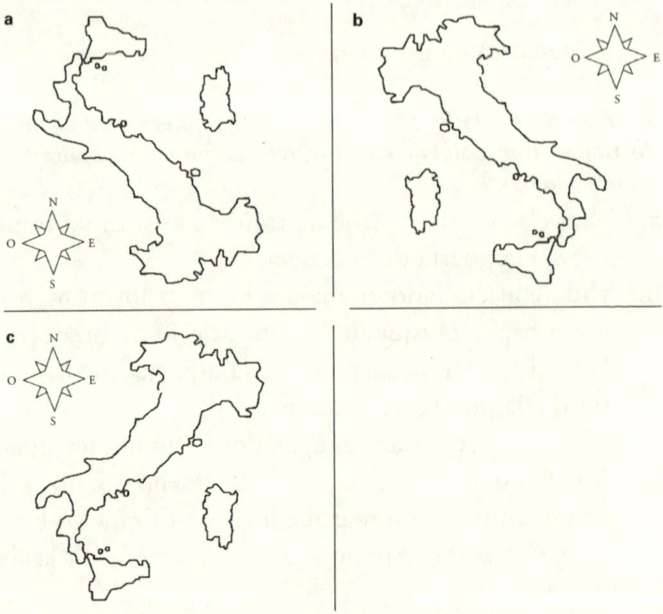

2. Está viajando por Inglaterra y conduce por una carretera comarcal desde Hull, en el este, hacia Liverpool, en el oeste. Si quiere regresar a Londres (en el sur), ¿tendría que girar a la derecha o a la izquierda?

a. Derecha.

b. Izquierda.

3. Está conduciendo por la ciudad en una calle con cuatro carriles. Va en dirección norte. Quiere girar a la izquierda y no es posible. Entonces gira a la derecha en el siguiente cruce, y luego otra vez a la derecha. Desgraciadamente, luego tendrá que volver a girar a la izquierda porque ha ido a parar a una calle de una sola dirección. ¿En qué dirección está conduciendo ahora?

a. Norte.

b. Este.

c. Sur.

d. Oeste.

4. Este mapa le muestra el Reino Unido e Irlanda. ¿Hacia dónde está el norte? Márquelo en la brújula.

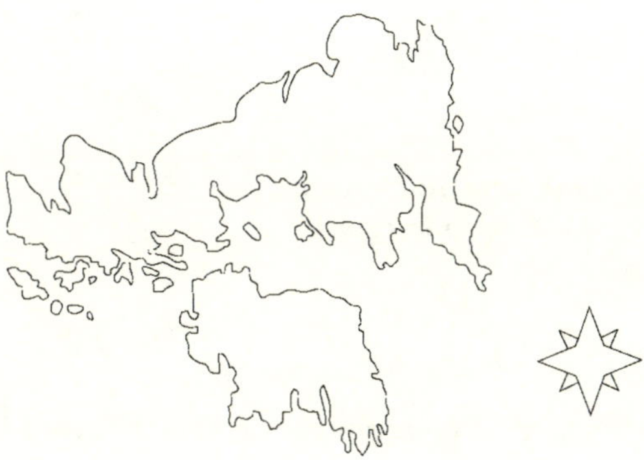

5. ¿Qué país muestra esta ilustración? ¿Y qué tiene de especial?

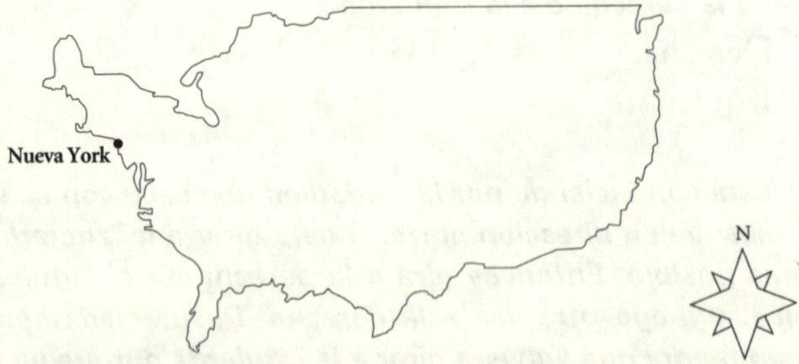

6. Está conduciendo en dirección sur. Primero gira a la derecha, luego a la izquierda. Después de una curva cerrada a la derecha (90 grados) gira a la izquierda dos veces y llega a su destino. ¿Hacia qué dirección está usted mirando ahora cuando mira por el retrovisor?

a. Norte.
b. Este.
c. Sur.
d. Oeste.

7. Aquí tiene una ilustración de Australia. Marque la capital, Canberra.

8. Está visitando a unos amigos en Madrid. Sale a la terraza y mira en dirección a Granada, hacia el este. Barcelona está en el norte. ¿Queda Barcelona a su derecha o a su izquierda?

a. A la derecha.
b. A la izquierda.

9. ¿Cuál de estas ilustraciones muestra África correctamente orientada?

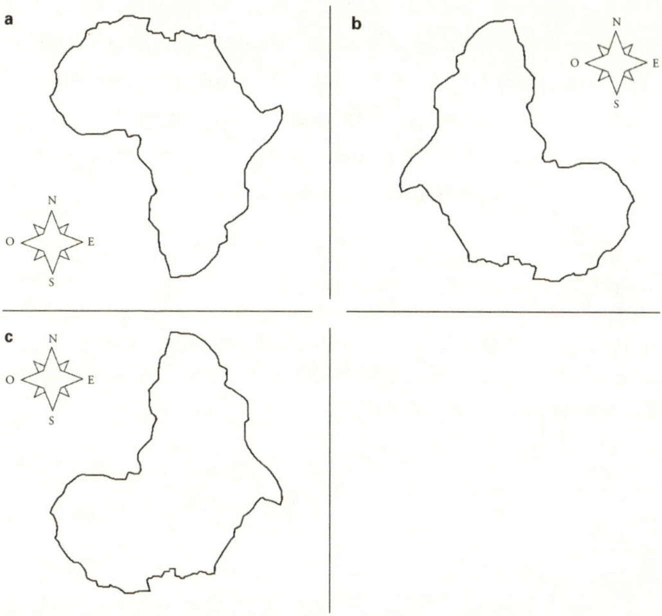

10. Conduce usted por Malta (¡por la izquierda!), viniendo del norte, gira a la derecha. En el tercer cruce, gira a la izquierda y aparca el coche en marcha atrás. ¿Hacia qué dirección mira el morro de su coche?

a. Norte.
b. Este.
c. Sur.
d. Oeste.

Soluciones: Ponga a prueba sus habilidades espaciales

Compare sus soluciones con las respuestas que aparecen a continuación. Si ha solucionado todos los temas correctamente, significa que sus habilidades espaciales son excelentes. Sólo algunas respuestas incorrectas o problemas sin solucionar, sigue aún indicando unas habilidades espaciales entre buenas y muy buenas. Los que sólo pudieron solucionar alguno o ninguno de los problemas, tienen escasas habilidades espaciales.

Test 1

B

Test 2

A

Test 3

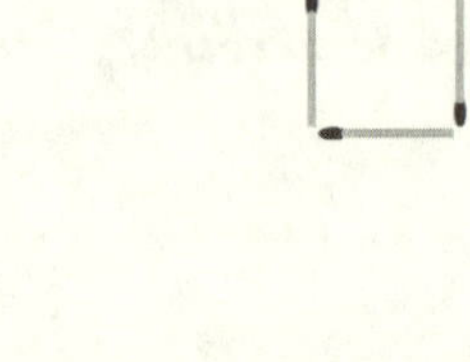

Test 4

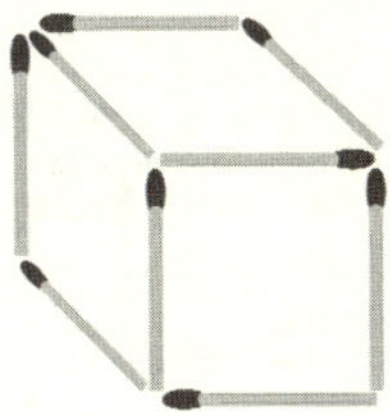

Test 5

Las tres cerillas del triángulo básico tienen que encontrarse en el medio y así crear una figura tridimensional.

Test 6

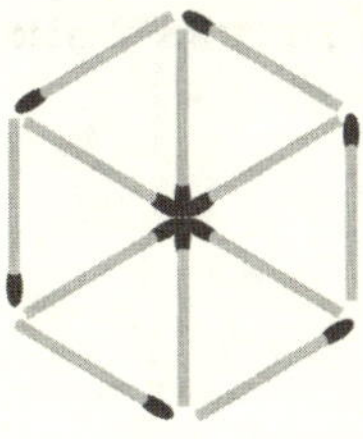

Test 7

Al mover las dos cerillas se obtienen tres cuadrados (y dos rectángulos).

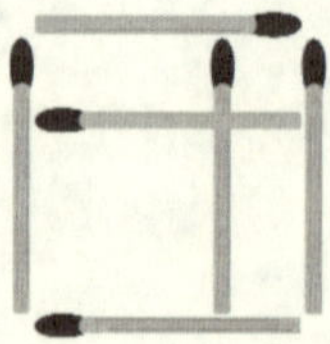

Test 8

La figura debería tener este aspecto:

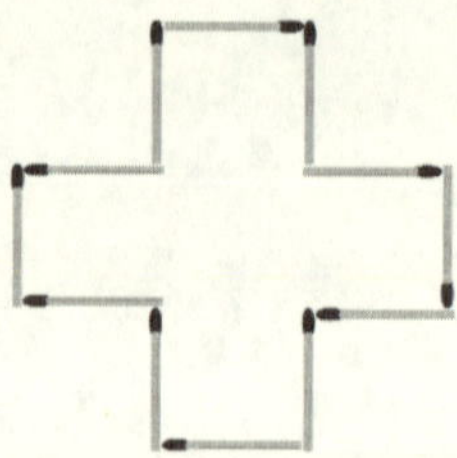

Soluciones: Ponga a prueba su capacidad para entender los mapas y sus habilidades de navegación

Parte 1

Sume el número de respuestas A, B y C obtenidas y utilice la siguiente tabla para obtener su resultado final.

Para mujeres:	
Número de respuestas A × (–5) puntos	=
Número de respuestas B × 15 puntos	=
Número de respuestas C × 5 puntos	=
Total puntos	=
Para hombres:	
Número de respuestas A × (–5) puntos	=
Número de respuestas B × 10 puntos	=
Número de respuestas C × 5 puntos	=
Total puntos	=

Para las preguntas cuya respuesta no reflejaba exactamente su vida o que haya dejado en blanco, otórguese 5 puntos.

La mayoría de hombres obtienen puntuaciones entre 0 y 180, y la mayoría de mujeres entre 150 y 300. La gente que no muestra habilidades espaciales claramente buenas o las muestra escasas, obtiene puntuaciones entre 150 y 180. Tenga en cuenta que, evidentemente, siempre hay excepciones a la regla. Un hombre con buenas habilidades espaciales suele puntuar por debajo de los 150 puntos. Cuanto más se acerque la puntuación a 0, mejores serán sus habilidades espaciales y de navegación. Una mujer con escasas habilidades espaciales suele puntuar por encima de 180. Cuanto más alto puntúe, peores serán sus habilidades de navegación y su habilidad para entender los mapas. Las puntuaciones entre 150 y 180 muestran compatibilidad de pensamientos para ambos sexos y demuestran una elevada flexibilidad de pensamiento.

Parte 2

Compare sus respuestas con las que aparecen a continuación. Utilice los mismos criterios de puntuación que con los tests de habilidades espaciales.

1. b

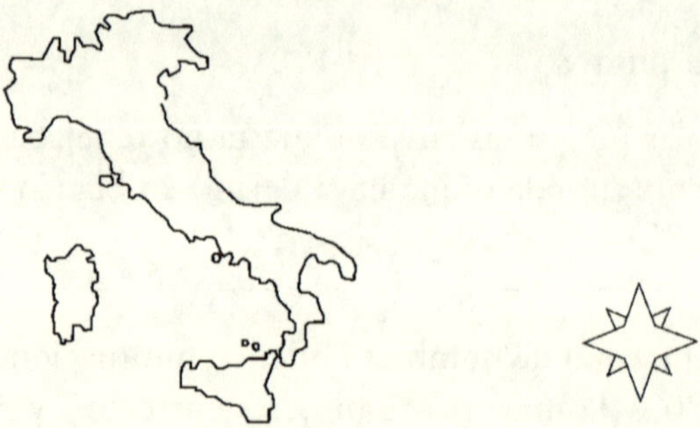

2. b
3. b

4.

5. Es una imagen de Estados Unidos reflejada en un espejo.

6. d: hacia el este.

7.

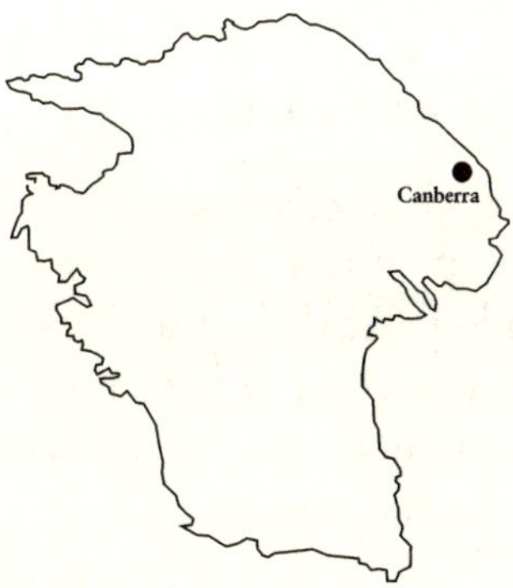

8. b: la izquierda.

9. b

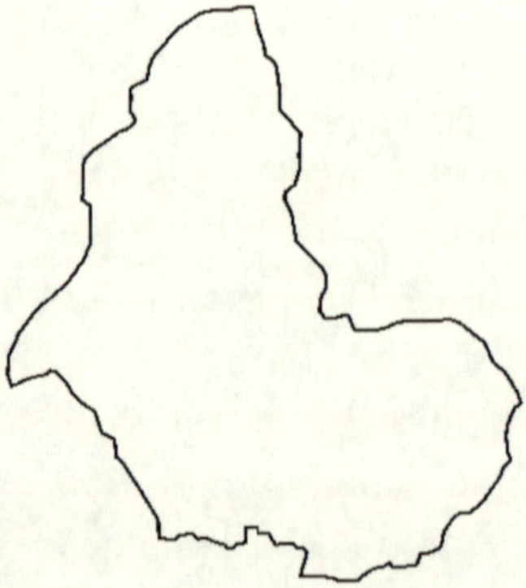

10. d: hacia el oeste.

Evaluación del test

No se preocupe si es usted mujer y ha conseguido malos resultados. Y si es hombre y ha conseguido buenos resultados, no fanfarronee.

Desde una perspectiva evolutiva, ser capaz de perseguir animales y encontrar el camino de vuelta a casa nunca ha formado parte de la descripción del trabajo de la mujer. Esta es la razón por la cual incluso hoy en día muchas mujeres tienen problemas cuando se trata de leer un mapa o un callejero.

La superioridad masculina en las habilidades espaciales no es, entonces, ninguna sorpresa, teniendo en cuenta su evolución como cazadores. Los hombres son buenos estimando la velocidad, la distancia, los ángulos y las direcciones, y utilizan estas habilidades para comprender los mapas y encontrar su camino.

La habilidad espacial permite al hombre dar mentalmente la vuelta a un mapa y saber qué dirección tiene que seguir. Si tiene que volver al mismo lugar en otra ocasión, no necesita el mapa, ya que su área espacial almacena la información. La mayoría de hombres saben leer un mapa mientras van en dirección norte, aunque el mapa les diga que tienen que dirigirse hacia el sur. Los estudios demuestran que el cerebro del hombre calcula la velocidad y la distancia para saber cuándo debe cambiar de dirección.

Las mujeres tienen más conexiones entre sus hemisferios derecho e izquierdo a través de unos *corpus callosum* más gruesos, y por ello suele haber más mujeres ambidiestras que hombres, y tres veces más mujeres que tienen dificultades para diferenciar al instante la mano derecha de la izquierda.

La mayoría de mujeres tienen dificultades para leer y moverse en los mapas porque necesitan una perspectiva tridimensional. Los hombres poseen la habilidad de convertir mentalmente mapas bidimensionales en visiones tridimensionales, pero la mayoría de mujeres tienen dificultades con esta tarea. Sin embargo, si utilizan un mapa con perspectiva tridimensional, las mujeres mejoran drásticamente sus habilidades de navegación. Pero a diferencia de los hombres, no son capaces de convertir sonidos y señales en mapas mentales tridimensionales para visualizar la dirección correcta y el camino a seguir.

¿Puede usted mejorar sus habilidades espaciales?

En una palabra: sí. Puede practicar constantemente sus actividades espaciales hasta que su cerebro desarrolle las conexiones suficientes como para realizar la tarea. Pero piense siempre en el largo plazo. Tenemos claro que la práctica y la repetición ayudan permanentemente a crear más conexiones cerebrales para un asunto determinado.

Aprender y practicar con la lectura de mapas puede aumentar de forma significativa su habilidad práctica para utilizarlos, igual que la práctica diaria con el piano mejora la capacidad de tocarlo. Sin embargo, se necesita una gran cantidad de práctica regular para mantener un nivel razonable. A menos que el pianista o el lector de mapas sigan practicando, su nivel de habilidad disminuirá rápidamente y luego necesitará más tiempo para recuperar lo perdido que la persona cuyo cerebro está configurado para manejar bien esa tarea.

Estrategias alternativas

Si estos métodos le parecen demasiado complicados, existen estrategias alternativas que merece la pena plantearse. Cuando los hombres dejen de pedir a las mujeres que les guíen por la carretera, todo el mundo será más feliz, y cuando las mujeres dejen de criticar la capacidad de conducción de los hombres, tendrán muchas menos discusiones. Somos buenos en cosas distintas, de modo que si usted no destaca en una tarea en particular, no se preocupe por ello. Puede mejorar con la práctica, pero no permita que eso le arruine la vida. ¡O la de su pareja!

Para tener una vida feliz como hombre: nunca insista en que una mujer entienda un mapa o un callejero. Y como mujer, mejor que deje que sea él quien encuentre el camino a partir de ahora… ¡tan fácil como eso!

3

Aparcar y conducir

Un paseo en coche el domingo

Cada uno con su propio estilo

La conducción del coche pone en evidencia las diferencias en cuanto a habilidades espaciales que existen entre ambos sexos, bien sea con las mujeres, que son peores aparcando e interpretando mapas, o con los hombres, que son incapaces de preguntar a alguien cuando se pierden.

Cualquier marido que decida enseñar a su esposa a conducir irá directo a los tribunales de divorcio. Conducir un coche significa para un hombre poner a prueba su habilidad espacial en relación con el entorno. El objetivo de la mujer en la conducción es trasladarse sana y salva del punto A al punto B, y es consciente de que no tiene que pasar un mal rato. La mejor estrategia para el hombre que decide sentarse como pasajero es cerrar los ojos, subir la radio y dejar de hacer comentarios porque, en general, las mujeres son conductoras más seguras que los hombres. Ella lo conducirá hasta su destino… aunque quizá tarde un poco más. Pero al menos, el hombre puede relajarse y llegar vivo.

La mujer criticará la conducción del hombre porque su habilidad espacial le permite tomar decisiones y opiniones que a ella le parecen peligrosas. Mientras que él no tenga un mal historial como conductor, la mujer debe también relajarse y no criticar, y limitarse a dejar que él conduzca.

Como podemos ver, hombres y mujeres poseen características muy distintas en cuanto a la conducción que, de vez en cuando, llevan a diferencias evidentes en su forma de conducir, en sus reacciones a determinados incidentes y en un asunto tremendamente conflictivo, aparcar el coche.

A primera vista

Si le pidiésemos que observara los coches aparcados a lo largo de una calle, ¿podría decirnos qué coches han sido aparcados por hombres y qué coches los han aparcado mujeres? ¿O podría decirnos por la manera como conducen por una carretera con curvas si el coche que lleva delante tiene una mujer o un hombre al volante? Estamos seguros: podría perfectamente, y en la mayoría de los casos, incluso al primer vistazo.

Ahora póngase a prueba y responda las siguientes preguntas sobre conducir y aparcar. Aquí no sólo descubrirá qué tipo de conductores son usted y su pareja, sino que además conocerá interesantes detalles sobre usted mismo y su comportamiento. Recuerde: todo fenómeno tiene su explicación. Asegúrese no sólo de leer con atención la evaluación de su test, sino también de recordarlo cada vez que le vuelva loco ver cómo conduce su pareja.

El gran test de aparcar y conducir

A buen seguro recordará el día que se examinó para obtener el carnet de conducir. Seguramente tendría las manos sudorosas y esperaría que la atención del examinador se distrajera y alejara de sus osadas maniobras, o que le perdonaran la prueba de aparcar. Pero no se preocupe: no le haremos pasar otra vez por el examen, tanto si obtuvo el carnet sin problemas como si parece que lo ganara a la lotería.

Descubrirá si al conducir se comporta de una manera típicamente masculina o femenina, y la evaluación le explicará por qué es así.

1. Conduce usted por una carretera comarcal durante un terrible día de invierno y empieza a lloviznar. ¿Qué hace?

a. Pone en marcha el limpiaparabrisas tan pronto la primera gota de lluvia cae sobre el cristal y lo pone a máxima velocidad. Al fin y al cabo, necesita ver bien, sobre todo cuando llueve. (Tipo C)
b. Pone en marcha el limpiaparabrisas y experimenta con las distintas velocidades hasta que encuentra la que mejor se adapta a la cantidad de agua que cae sobre el cristal. (Tipo A)
c. Espera hasta que la cantidad de lluvia depositada en el cristal se corresponde a la velocidad del limpiaparabrisas y lo pone entonces en marcha. (Tipo B)

2. Después de una agotadora jornada laboral, llega a casa y tiene mala suerte: no hay espacio para aparcar ni en su calle ni en las calles colindantes. ¿Qué hace?

a. Da unas cuantas vueltas a la manzana. Al fin y al cabo, en la radio suena una canción que le gusta. Como sigue sin encontrar un aparcamiento, aparca en la acera… con la esperanza de que la grúa no pase esa noche. (Tipo C)
b. Tiene hambre, está cansado y quiere llegar a casa lo más rápidamente posible,

pero no le apetece ponerse a buscar aparcamiento. Por lo tanto, detiene el coche junto a los que están aparcados y lee el periódico hasta que sale alguien. (Tipo B)

c. En su opinión, el aparcamiento a lo largo de la calle debería estar prohibido. Si es necesario, aparca a más de un kilómetro de casa en un aparcamiento público, pues sabe que allí siempre hay espacio. (Tipo A)

3. Se dirige solo, en coche, a casa de unos amigos que se han mudado recientemente. ¿Qué hace cuando se da cuenta de que se ha perdido?

a. Como va solo, seguramente no puede mirar el mapa y conducir a la vez. De todos modos, le llevaría un tiempo localizar en el mapa el punto donde se encuentra. Busca entonces alguien que pase por la calle para preguntarle por dónde se va, porque piensa que los vecinos tienen que saberlo mucho mejor que usted. (Tipo A)

b. Lo más pronto posible, aparca en un lado para echar un vistazo al mapa y averiguar dónde ha tomado la dirección contraria. Si tiene que hacerlo, da media vuelta y retrocede un poco. Al fin y al cabo, lo que quiere es llegar lo antes posible a casa de sus amigos y no quiere perder más tiempo buscando sin saber dónde. (Tipo C)

c. En lugar de preguntar a alguien por dónde ir, sigue su instinto y sigue yendo hacia la dirección que considera correcta. Tarde o temprano encontrará el camino. Al fin y al cabo, es lo que siempre le ha funcionado y va con el depósito de gasolina casi lleno. (Tipo B)

4. Va en coche al supermercado pero el aparcamiento está lleno. En la calle detecta un espacio libre y da marcha atrás hacia él. ¿Qué sucede?

a. El coche queda muy alejado del bordillo, pero como sólo quiere comprar una barra de pan, no le importa. Al fin y al cabo estará de regreso en un minuto. (Tipo C)

b. No hace falta decir que su coche queda aparcado a la distancia perfecta del bordillo... como siempre. (Tipo B)

c. Necesita tres intentos para conseguir aparcar y tiene que mover el coche hacia delante y hacia atrás hasta que queda bien aparcado. Decide que la próxima vez esperará a que haya sitio libre en el aparcamiento. (Tipo A)

5. ¿Cómo suele comportarse como pasajero copiloto?

a. Deja que el otro conduzca y no comenta su forma de conducir. Cuando el conductor le pide que busque una dirección, la busca en el mapa o vigila el siguiente cruce. Dejando eso aparte, no interfiere. (Tipo C)

b. Da instrucciones del tipo: «Gira a la izquierda – no corras tanto – cambia la marcha – vigila ese coche que llevas delante – mira ese peatón que cruza», porque se pone nervioso cuando no conduce usted. Nunca se sabe si el conductor reaccionará tan rápido y tan bien como usted lo haría. (Tipo B)

c. Se siente incómodo, porque usted conduciría con más cuidado y le preocupa que el conductor no sea capaz de reaccionar lo bastante rápido a un posible peligro. En consecuencia, le recuerda unas cuantas veces que no conduzca tan rápido o que mantenga las distancias entre coches. (Tipo A)

6. Está usted paseando con el perro y alguien le pregunta cómo se va al oftalmólogo más cercano. ¿Cómo le describe el camino?

a. A pesar de que ha visto el cartel de la consulta unas cuantas veces y que recuerda el nombre del médico, no puede decirle, por mucho que lo intente, en qué calle está. Como no quiere parecer maleducado, mueve la mano aproximadamente hacia la dirección por la que usted venía y dice con una sonrisa de disculpa: «Creo que es por ahí, pero a lo mejor tendría que ir en autobús, hay un buen trecho caminando». (Tipo C)
b. Le explica cómo ir según usted lo recuerda. De modo que le dice: «Al llegar allí, gire a la derecha... ¿o era a la izquierda? Da lo mismo, en la esquina verá una zapatería y esa es la calle por la que debe girar. Y después de unos cinco edificios, hay un restaurante italiano que antes era un restaurante hindú, pero que ya no lo es, la consulta está después del siguiente cruce en la acera opuesta». (Tipo A)
c. Lo piensa un momento, luego le explica el camino más corto hasta la consulta dándole detalles exactos: «Camine unos trescientos metros por High Strett en dirección sur, luego gire a la derecha por Hill Street. Cruce la calle al tercer semáforo y camine unos cincuenta metros más. allí está la consulta». (Tipo B)

7. Va por la autopista con su pareja (que es quien conduce) y están hablando sobre sus ruidosos vecinos mientras en la radio suena la última canción de Madonna. Un poco

antes de llegar a la próxima salida de la autopista, su pareja le pide que mire el mapa y le diga qué salida tienen que tomar. ¿Qué hace usted?

a. Sigue hablando, pero apaga la radio antes de echarle un breve vistazo al mapa y darle las indicaciones. (Tipo B)
b. Deja inmediatamente de hablar, mira el mapa durante un buen rato y lo vuelve boca abajo unas cuantas veces para encontrar el camino adecuado. (Tipo A)
c. Sigue tarareando con Madonna (fuerte y desafinado), echa un vistazo al mapa, pero luego se orienta con las señales de la carretera. (Tipo C)

8. Imagínese que fuese usted concejal del ayuntamiento y se le permitiera decidir el aspecto del aparcamiento de un nuevo centro comercial. ¿Por qué votaría?

a. Naturalmente, vota por un aparcamiento espacioso, con plazas lo bastante anchas como para albergar un camión de siete toneladas y donde no sólo se pueda aparcar sin dificultades sin tener que dar marcha atrás, sino que además se pueda salir de la plaza con la misma facilidad. No le importa si para ello son necesarios unos cuantos carriles adicionales. Al fin y al cabo, el dinero que se gastan no es suyo. (Tipo A)
b. Vota por un número suficiente de plazas, para que la situación de los clientes sea lo más relajada posible. Por su propia experiencia sabe lo desagradables que son las peleas por encontrar una plaza los sábados. Al fin y al cabo, usted ha perdido más de una. (Tipo C)
c. No le importa mucho el aparcamiento. Nunca tiene problemas con ello, y los que los tienen, mejor que

se vayan a comprar a otra parte. Le interesan más los beneficios fiscales para la ciudad. (Tipo B)

9. De regreso de un viaje un domingo por la tarde, divisa un aparcamiento libre justo enfrente de su casa. Pero es muy estrecho. ¿Qué hace?

a. Aparca por muy estrecho que sea. Los regalos deben aceptarse, sobre todo cuando se te entregan en bandeja. Hace marcha atrás y adelante unas cuantas veces y lo prefiere antes que caminar más de lo necesario. (Tipo B)
b. No está de humor en este momento para apretujarse en esa plaza, de modo que prefiere el espacio más grande que acaba de ver al final de la calle. Aparca allí aun sabiendo que apenas podrá sentir los pies dentro de sus nuevas botas por tener que caminar esa distancia adicional. (Tipo C)
c. Como sabe que el pasajero del asiento del copiloto estará al borde del ataque de nervios si no ha conseguido maniobrar el coche y aparcar después del tercer intento, decide cederle el volante… así podrá ir al baño antes de lo que suponía. (Tipo A)

10. Tiene una reunión en una ciudad en la que nunca ha estado. La reunión tendrá lugar en un enorme centro de conferencias y tiene que ir conduciendo solo. ¿Cómo se prepara para el viaje?

a. De ninguna manera. Sabe que la reunión es en la zona sur de la ciudad y está seguro de que habrá señales suficientes que le indiquen dónde está el centro de conferencias. Al fin y al cabo, es un lugar conocido incluso fuera de la ciudad. (Tipo B)
b. Lee con atención el mapa antes de iniciar el viaje e

intenta memorizar el camino. Mientras conduce, tiene el mapa a mano en el asiento del pasajero para poder echarle un rápido vistazo en caso de urgencia. (Tipo C)

c. Le pide a alguien que le explique cómo ir y anota todos los cruces en los que tiene que girar. O imprime una descripción detallada obtenida en Internet y la sigue sin dudarlo aunque las señales indiquen hacia otra dirección. (Tipo A)

11. Es de noche y se acerca a un cruce. Un coche desconocido está esperando delante del semáforo en rojo con el intermitente puesto para girar a la derecha. La flecha verde para los coches que pueden girar a la derecha apenas se ve en la oscuridad. Evidentemente, el conductor del otro coche no la ha visto. ¿Qué hace?

a. Disminuye la velocidad para detenerse detrás del coche. Si no se mueve, toca una vez el claxon e intenta llamar la atención del conductor hacia la flecha verde. (Tipo C)
b. Sigue adelante, cambia de carril y ocupa el de los coches que giran a la izquierda y pasa por delante del coche parado esperando… no sin tocarse la frente para demostrarle al otro conductor lo qué piensa sobre sus habilidades como conductor. (Tipo B)
c. Se detiene detrás del coche y espera hasta que el semáforo cambie a verde. Ante todo, no tiene ninguna prisa, en segundo lugar, ya le ha pasado a usted mismo otras veces, y en tercer lugar, no es usted ningún profesor de autoescuela. (Tipo A)

12. Quiere ir al trabajo en coche, pero se da cuenta de que el coche que tiene aparcado delante del suyo está tan cerca

que le va a costar sacar el coche de allí. ¿Qué hace para maniobrar el coche y salir lo antes posible?

a. Gira el volante al máximo en dirección al bordillo y da marcha atrás todo lo que puede, verificando alternativamente en los retrovisores internos y laterales para juzgar la distancia hasta el coche de detrás. Luego gira el volante totalmente en dirección contraria y da marcha adelante. De este modo, saldrá lentamente del aparcamiento. (Tipo A)

b. Da marcha atrás con las ruedas rectas todo lo posible. Sólo entonces gira el volante hacia la calle y echa adelante todo lo posible. Luego gira totalmente en dirección al bordillo y da marcha atrás. Abre brevemente la puerta para comprobar la distancia hasta el coche que tiene detrás. Finalmente, maniobra hasta salir del espacio. (Tipo B)

c. Da marcha atrás hasta tocar el coche de detrás. Echa adelante y hace lo mismo. De este modo aprovecha el espacio más eficientemente. Los propietarios de los demás coches que no se quejen. Fueron ellos los que aparcaron dejándolo a usted bloqueado. (Tipo C)

13. Se encuentra usted en Francia de camino a su residencia de vacaciones, conduciendo en un día soleado por una carretera comarcal. El copiloto se ha quedado dormido y, después de pasar unas cuantas rotondas, ha perdido el sentido de la orientación y no está seguro de ir en la dirección correcta. ¿Qué hace?

a. Se orienta sin problemas por el sol e instantáneamente sabe que sigue yendo hacia el sur. Al menos, la dirección es la correcta. (Tipo B)

b. Sigue avanzando hasta llegar a la siguiente señal de carretera, intentando recordar cuál debería ser el nombre de la siguiente ciudad grande. Si no tiene éxito así, lo intenta orientándose con el sol y lo logra, después de algunas dificultades. (Tipo C)

c. Con la mejor voluntad del mundo, no sabe dónde ir y, disculpándose, despierta al copiloto para que le ayude. (Tipo A)

14. Va por la autopista y oye en la radio que hay un atasco de quince kilómetros por delante de donde se encuentra. Podría tomar la salida siguiente y utilizar una carretera comarcal con curvas para llegar a casa. ¿Qué hace?

a. Se alegra de que incluso antes de la salida haya un área de servicio. Tiene que llenar el depósito y además está hambriento, de modo que decide aprovechar la situación, picar algo y descansar un poco mientras los demás esperan en pleno atasco. (Tipo C)

b. Sale de la autopista y sigue la carretera comarcal. Tomando las curvas a alta velocidad estará en casa no mucho más tarde que yendo por la autopista. (Tipo A)

c. Calcula con detalle las posibilidades. No le gustan las carreteras con curvas y seguramente decidirá quedarse en la autopista esperando que el atasco se solucione pronto, para no tener que esperar mucho. (Tipo B)

15. Se encuentra conduciendo por la ciudad, con tráfico denso, en una calle de dos sentidos. Su colega, a quien quiere dejar en la próxima gasolinera, está enfadado explicándole sus problemas con el jefe y le pide consejo. ¿Qué hace?

a. Le dice a su colega que en este momento tiene que concentrarse en el tráfico y que no puede, por ello, prestarle suficiente atención. Se ofrece a llamarle por la noche para darle su consejo. (Tipo B)

b. Mantiene una distancia superior con el coche de delante y baja un poco la velocidad porque podrá discutir mejor con su colega su problema si puede mirarlo de vez en cuando. A pesar de que es su amigo, no quiere arriesgarse a sufrir un accidente por su culpa. (Tipo C)

c. Sigue igual que antes y es capaz de concentrarse igualmente bien en el tráfico y en los problemas de su colega. Le da buenos consejos mientras grita de vez en cuando a los conductores que cambian de carril constantemente para ir más rápido. (Tipo A)

Puntuación

Ahora contabilice el número de respuestas de tipo A, B y C. Cada respuesta vale un punto. Lea la sección correspondiente a su mayoría de puntos.

Tipo A

Es claramente un conductor de tipo femenino. A menudo tiene problemas de aparcamiento, sobre todo cuando el espacio es estrecho. Nunca consigue el ángulo adecuado y nunca sabe si girar el volante hacia la derecha o hacia la izquierda, ni conoce las distancias. Su sentido de la orientación tampoco es de lo mejor, siempre ha sido un problema para usted y se pregunta por qué.

Aquí tiene la respuesta: mientras que la testosterona mejora la habilidad espacial, la hormona femenina, los estrógenos, la anula. Las mujeres tienen mucha menos testosterona que los hombres y, como resultado, cuanto más femenino es el cerebro, más débil es la habilidad espacial. Esta es la razón por la que las mujeres muy femeninas no aparcan muy bien ni saben leer los mapas.

Lo mismo se aplica cuando se trata de describir el camino a seguir o dar indicaciones detalladas a una mujer. Nunca le dé a una mujer indicaciones del tipo «Sigue dirección norte» o «Sigue dirección oeste durante cinco kilómetros», ya que eso requiere tener habilidades de brújula. Pero sí podrá darle indicaciones que impliquen puntos concretos como «Pasa el McDonald's y busca el edificio que tiene arriba un cartel del Nacional Bank», esto permite a la mujer captar estos puntos gracias a su visión periférica e ir directamente hacia ellos.

Además, las mujeres son conductoras más juiciosas, previsoras y cuidadosas que los hombres, siempre siguen las normas de tráfico. Las mujeres, básicamente, no quieren más que trasladarse con seguridad y comodidad de un lugar a otro.

Tipo B

Es claramente un conductor de tipo masculino. Gracias a sus buenas habilidades espaciales, no tiene problemas de aparcamiento y los espacios estrechos no son más que un reto para usted. Considera que la conducción es algo divertido y le gusta probar cosas que le llevan a usted o a su coche hacia nuevos límites.

A los hombres les encanta conducir rápido por carreteras llenas de curvas porque allí entran en juego sus habilidades espaciales: cambios de marchas, combinaciones de embrague y acelerador, velocidad relativa en las curvas, ángulos y distancias.

Su sentido de la orientación excepcionalmente bien desarrollado nunca le ha decepcionado hasta ahora, pero sus habilidades verbales son inferiores en comparación con las de las mujeres. Esto explica por qué tiene dificultad en concentrarse conduciendo si habla a la vez, especialmente cuando un tráfico denso le exige toda su atención; o que apague la radio cuando busca un camino o que no murmure (como hacen muchas mujeres) mientras piensa, sino que permanezca callado.

Tipo C

No muestra en la conducción características claramente masculinas o femeninas, sino que queda en medio de ambas. Muestra flexibilidad de pensamiento, lo que a menudo supone una ventaja, porque siempre afronta los problemas de un modo muy pragmático. Siempre piensa en sus acciones, por ejemplo, cuando la plaza de aparcamiento que hay delante de su casa es muy estrecha pero hay otra más amplia a unos cuantos metros de allí.

No le avergüenza pedir ayuda en caso necesario, por ejemplo, si se ha extraviado, aunque siempre (y eso muestra su lado masculino) intenta primero encontrar el camino solo.

La investigación científica ha demostrado que las mujeres pueden aprender a aparcar un coche: las pruebas de aparcamiento en las autoescuelas demuestran que, durante las prácticas, las mujeres generalmente lo hacen mejor que los hombres cuando se trata de aparcar, pero las estadísticas demuestran que las mujeres lo hacen peor en situaciones de la vida real, algo que seguramente podrá confirmar a partir de sus propias experiencias. Esto se debe a que las mujeres son mejores que los hombres cuando se trata de aprender una tarea y repetirla con éxito, siempre y cuando las condiciones y el entorno en el que lo hagan no se alteren. En el tráfico, sin embargo, cada situación presenta un nuevo conjunto de datos que evaluar, y la habilidad espacial de los hombres está mejor dotada para gestionar esta tarea.

4

El sexo opuesto

Esperando al señor Perfecto

Cómo encontrar la pareja adecuada

El amor suele empezar con deseo, y éste puede durar unas cuantas horas, unos cuantos días o unas cuantas semanas. Luego llega el enamoramiento, que dura, como media, entre tres y doce meses, hasta que se genera el vínculo. Cuando pasados entre seis meses y un año se apacigua el cóctel de hormonas, vemos a la pareja bajo la fría luz del día, y aquellas pequeñas costumbres que tan encantadoras nos parecían al principio empiezan a darnos rabia. Antes pensaba usted que era gracioso que él nunca pudiera encontrar nada en la nevera, o que perdiera constantemente las llaves, pero ahora le dan ganas de gritar. A él le encantaba oírla hablar sobre tonterías, pero ahora está planteándose la huida. Y usted se pregunta en silencio: «¿Podré vivir así el resto de mi vida? ¿Qué tenemos en común?».

Existen posibilidades de que no tengan mucho en común o poco de que hablar. El objetivo de la Madre Naturaleza es atraer a hombres y mujeres mediante la influencia de un potente cóctel hormonal que les lleva a procrear y a no pensar. Encontrar la pareja adecuada significa decidir qué cosas van a tener en común a largo plazo, y hacerlo antes de que se produzcan las elevaciones hormonales con las que nos vincula la naturaleza. Cuando pase el enamoramiento, y acabará pasando, ¿podrán mantener una relación duradera basada en la amistad y en intereses comunes? Escriba una lista con las características e intereses que desea encontrar en una pareja duradera y sabrá exactamente a quién anda buscando. Es posible que un hombre tenga una lista de las cualidades que debería tener su pareja ideal, pero cuando acude a una fiesta lleva el cerebro encendido por la testosterona. El cerebro busca entonces la mujer «ideal» basándose en la motivación hormonal: buenas piernas, vientre plano, nalgas redondas, buenas tetas, etcétera, todas ellas características relacionadas con la procreación a corto plazo. Las mujeres quieren un hombre que sea sensible y cariñoso, que tenga un torso en forma de V y que posea una personalidad divertida, características todas ellas conectadas con la crianza de los hijos, la caza de la comida y la protección. Son también necesidades biológicas a corto plazo, que poco tienen que ver con el éxito de una relación del siglo XXI. Escriba una lista con las características deseables a largo plazo de la que sería su pareja perfecta y guárdela a mano. Le ayudará a ser objetivo con respecto a una nueva persona la próxima vez que la naturaleza intente controlar con hormonas sus pensamientos y necesidades.

La naturaleza quiere que procreemos lo más a menudo posible, y utiliza drogas potentes para empujarnos a ello. Cuando usted acabe comprendiéndolo y vaya armado con la descripción de la que sería su pareja ideal a largo plazo, es menos probable que se deje engañar y más probable que tenga éxito en la caza de esa pareja perfecta tan elusiva con quien finalmente podrá vivir feliz para siempre jamás.

La pareja ideal

Independientemente de que mantenga usted una relación o siga buscando la pareja perfecta, debería empezar ahora teniendo claros en su cabeza sus deseos, sueños y preferencias. El test que sigue puede ser realizado individualmente o en compañía de la pareja y comparar los resultados; de todas las formas le resultará informativo.

Este test no tiene puntuación, pues está concebido para que usted aprenda a evaluarse y a evaluar sus deseos. Y sólo usted podrá decir lo que intereses muy similares, equilibrados o contrapuestos, pueden significar para usted y su relación.

Señale todas las características que le corresponden a usted y que considera importantes en su pareja.

1. Aspecto externo o cosas que considera importantes en su pareja:

❏ ❏ Figura/físico
❏ ❏ Aspecto externo aseado
❏ ❏ Manos bonitas
❏ ❏ Altura
❏ ❏ Fumador
❏ ❏ No fumador
❏ ❏ Familia
❏ ❏ Aspecto atractivo
❏ ❏ Ojos bonitos
❏ ❏ Buen sexo
____
____

❏ ❏ Pecho
❏ ❏ Nalgas
❏ ❏ Musculatura
❏ ❏ Cabello corto/largo
❏ ❏ Sin barriga y/o barba
❏ ❏ Círculo de amistades
❏ ❏ Nivel de estudios
❏ ❏ Profesión
❏ ❏ Solvencia
____
____

2. Rasgos de carácter que son importantes en su pareja:

❑ ❑ Humor
❑ ❑ Voluntad de compromiso
❑ ❑ Espontaneidad
❑ ❑ Actividad deportiva
❑ ❑ Actividad social
❑ ❑ Personalidad
❑ ❑ Inteligencia
❑ ❑ Empatía
❑ ❑ Adaptabilidad
❑ ❑ Lealtad
❑ ❑ Tolerancia
❑ ❑ Permisividad
❑ ❑ Amor por los animales
❑ ❑ Flexibilidad
❑ ❑ Paternidad
❑ ❑ Independencia
❑ ❑ Honestidad
❑ ❑ Dedicación
❑ ❑ Opiniones políticas
❑ ❑ Generosidad
❑ ❑ Religiosidad
❑ ❑ Fidelidad
❑ ❑ Moderación
❑ ❑ Emociones

______________________ ______________________

______________________ ______________________

3. Sus intereses y lo que es importante para usted:

❑ ❑ Viajar
❑ ❑ Buena comida
❑ ❑ Buen vino
❑ ❑ Vacaciones en el mar
❑ ❑ Vacaciones en la montaña
❑ ❑ Literatura
❑ ❑ Vida urbana
❑ ❑ Bromas y chistes
❑ ❑ Religión
❑ ❑ Cine
❑ ❑ Música
❑ ❑ Cultura
❑ ❑ Carrera profesional/éxito en el trabajo
❑ ❑ Vida en el campo/naturaleza

4. Sus aficiones y pasatiempos:

______________________ ______________________

______________________ ______________________

¿Permanece intacta su relación?

¿Está usted, después de los años, tan enamorado como el primer día? ¿O ha entrado silenciosamente la rutina diaria en su relación? ¿Qué tal va su gran amor? ¿Se siente completamente bien o se pregunta una y otra vez si todo sigue teniendo sentido?

Ponga a prueba su relación. Nuestra despiadada comprobación de la realidad le revelará si existe algún problema. Señale cada una de las afirmaciones con las que esté de acuerdo.

- ❑ ***Su relación ha perdido su encanto.***
- ❑ ***Llevan mucho tiempo sin realizar un viaje espontáneo.***
- ❑ ***Sus sentimientos hacia su pareja se han debilitado.***
- ❑ ***Raramente hacen el amor.***
- ❑ ***Recientemente, las debilidades de su pareja parecen importarle más de lo que solían hacerlo antes.***
- ❑ ***Sale usted más a menudo con sus amigos, cada uno con sus propios amigos.***
- ❑ ***Su pareja le critica cada vez más delante de los demás.***
- ❑ ***Lleva mucho tiempo sin ser verdaderamente feliz.***
- ❑ ***Se siente con frecuencia incomprendido.***
- ❑ ***Su pareja lleva mucho tiempo sin pensar en algo especial para su cumpleaños.***
- ❑ ***Discuten cada vez más a menudo por cosas sin importancia.***
- ❑ ***Recientemente, su pareja llega tarde a casa y entonces va directamente a la cama.***
- ❑ ***A usted le cuesta cada vez más perdonar cuando tienen discusiones.***
- ❑ ***A veces se siente tratado injustamente.***
- ❑ ***No hablan tanto como solían hacerlo.***
- ❑ ***Los sábados casi siempre alquilan un vídeo y se quedan en casa.***

- ❑ ***Apenas se acarician.***
- ❑ ***Envidia usted a las parejas de sus amigos.***
- ❑ ***Su pareja lleva mucho tiempo sin decirle nada agradable o piropearlo.***
- ❑ ***Cada vez más, cada uno sigue su camino.***

El gran test del romanticismo

¿Es usted una persona desesperadamente romántica a quien le gustaría abrazar a todo el mundo cuando está enamorado y que lo ve todo de color de rosa? ¿O es un realista racional que nunca ha oído la palabra romántico y que apenas sale de su cascarón? Este test le ayudará a descubrir qué tipo de persona es usted.

Señale las frases que mejor le encajen, una única respuesta por pregunta.

1. ¿Qué opina usted del tópico «sexo y amor»?

a. El sexo es el sexo y el amor es el amor y en algunos casos excepcionales ambos se producen simultáneamente. (Tipo C)

b. ¿Amor verdadero? En su opinión, sólo sensiblería. Eso no existe. (Tipo D)

c. Para usted sexo y amor van intrínsecamente unidos. (Tipo A)

d. Naturalmente, el sexo es más pleno cuando entran en juego los sentimientos, pero tampoco es cuestión de despreciarlo si no es así. (Tipo B)

2. ¿Qué consideraría un fin de semana romántico para dos?

a. Podría ser tanto un viaje romántico a una ciudad,

como a un lago o una excursión a las montañas. (Tipo B)

b. Significa hacer muchas cosas que normalmente no harías sólo para contentar a tu pareja y así tener después una buena sesión de sexo. (Tipo C)

c. Un breve descanso en un hotel cubierto de nieve en los Alpes, con un paseo en trineo a la luz de la luna bajo un cielo estrellado, una cena romántica con velas y, después, hacer carantoñas frente a la chimenea. (Tipo A)

d. Poca cosa, porque tiene que ver con reclusión y estar juntos. Y me refiero sólo a compartir una taza de té. (Tipo D)

3. ¿Le resulta fácil decir «Te quiero»?

a. Le resulta bastante difícil, pero lo dice a veces para complacer a su pareja, normalmente después de que ésta se lo pida. (Tipo C)

b. ¡Naturalmente! Si quieres a tu pareja nunca te cansas de decirlo. (Tipo A)

c. Piensa que una cosa así no debería decirse a la ligera. Por lo tanto, rara vez lo dice, pero si lo hace, lo dice desde lo más profundo de su corazón. (Tipo B)

d. No, en absoluto. Odia las declaraciones de amor. (Tipo D)

4. Su pareja le pide que ponga música romántica. ¿Qué CD elegiría?

a. En su casa no hay música sentimental. (Tipo D)

b. Dependiendo de su estado de humor, puede ser música clásica o pop, algo que signifique muchas cosas para los dos. (Tipo B)

c. Un CD que acaba de comprar para su pareja y que usted solo no escucharía. (Tipo C)

d. Cuanto más sentimental y sensiblero, mejor. Quiere disfrutar al máximo ese estado de humor cariñoso. (Tipo A)

5. ¿Qué significa el matrimonio para usted?

a. El matrimonio es el precio a pagar para tener sexo con regularidad. (Tipo D)

b. Es la plenitud y el objetivo de toda relación feliz. (Tipo A)

c. Una institución que te permite expresar tu amor. (Tipo B)

d. El sexo es el precio que tienes que pagar a cambio de conseguir el matrimonio. (Tipo C)

6. ¿Cómo juzgaría una pequeña infidelidad?

a. Es una falta de confianza imperdonable y, por lo tanto, un motivo de separación. (Tipo A)

b. Si dos personas realmente se quieren y están felices en su relación, ninguna de ellas debería tener motivo para una infidelidad. Es, por lo tanto, un indicativo de que algo va mal en la relación. Dependiendo de la gravedad, estaría dispuesto a perdonarlo. (Tipo B)

c. No lo considera un problema. No tiene nada que ver tampoco con su pareja. A veces se necesita un poco de variedad, y los vientos de cambio nunca hacen ningún daño a una relación. (Tipo D)

d. Se aferra al dicho de «Ojos que no ven, corazón que no siente» y o no la admitiría, o no querría que le explicasen una infidelidad. (Tipo C)

7. ¿Qué hace si su pareja le pide que le demuestre más cariño?

a. Vacía la papelera, compra un ramo de flores, coloca el rollo nuevo de papel higiénico en el dispensador, lava el coche, recoge la ropa en la tintorería o cocina algo especial. Lo que haga de todo eso, no importa. Para usted, todo significa lo mismo. Lo importante es que al menos hace alguna cosa. (Tipo C)

b. Su pareja nunca se lo diría porque normalmente tiene algo preparado para sorprenderla, por ejemplo, un pequeño detalle para demostrarle lo mucho que significa para usted. (Tipo A)

c. Le dice que eso son tonterías. Si no le gusta, no sabe por qué están juntos. (Tipo D)

d. Se disculpa por haber sido tan descuidado últimamente y le pregunta qué desea en concreto y se lo da. (Tipo B)

8. Al principio de su relación, los días (y las noches) nunca eran lo bastante largos. Pasaban horas haciendo manitas, acariciándose y hablando. Pero ahora están casados y las cosas han cambiado. ¿Cuál cree que es el motivo?

a. No podría explicarlo. Su pareja parece ser la que es cada vez más reticente y no dice por qué. Últimamente tiene usted la sensación de que no le quiere (que ha dejado de quererle). (Tipo A)

b. Sabe todo lo que tiene que saber sobre su pareja. Ya no tiene sentido pasarse horas hablando. (Tipo D)

c. Simplemente es así. No hay por qué preocuparse mientras se lleven bien y todo funcione bien en la cama. (Tipo C)

d. Piensa que es una pena. Constantemente intenta cambiar el asunto. Pero seguramente es como la primera fase de estar enamorados: llega un momento en que este estado excepcional se termina. (Tipo B)

9. Para usted, el enamoramiento es...

a. No es más que un truco biológico para garantizar que el hombre y la mujer están juntos el tiempo suficiente como para procrear. (Tipo D)
b. Un tema que se juzga como demasiado importante, porque nunca es permanente y llega un momento en el que caes con los pies en el suelo con excesiva brusquedad. (Tipo C)
c. Uno de los mayores sentimientos que existen. En el caso ideal, dura toda la vida (aunque la ciencia afirme lo contrario). (Tipo A)
d. Simplemente maravilloso y debería disfrutarse todo el tiempo posible. (Tipo B)

10. Cuando estás enamorado...

a. Caminas con una sonrisa estúpida en la cara como si fueses dirigido por un control remoto, vas flotando y no eres capaz de pensar claro. (Tipo A)
b. Incluso los problemas del día a día parecen pequeños y sin importancia. Estás lleno de energía y nada te pone de mal humor. (Tipo B)
c. Te sientes físicamente atraído tremendamente hacia tu pareja y piensas en ella, y en el sexo con ella, todo el día. (Tipo C)
d. Estar enamorado no es más que una atracción física extrema... algo que, naturalmente, no es en absoluto negativo. (Tipo D)

Puntuaciones: ¿Permanece intacta su relación?

Cuente las casillas que ha señalado y lea la sección que le corresponda.

Entre 0 y 5 casillas marcadas

Todo en su relación parece funcionar correctamente.

Sin embargo, debería ir con cuidado y no perder de vista los preciosos momentos de la vida diaria de pareja, porque son estos los que dan tanto valor al hecho de estar juntos. Sólo los que son capaces de atesorar los pequeños momentos de felicidad consiguen que su relación sea duradera.

Entre 6 y 14 casillas marcadas

Dependiendo de si está usted en la parte superior o inferior de la escala, debería tomar las decisiones con cuidado. Una charla clarificadora sobre su futuro juntos y sus ideas sobre la relación debería ser el primer paso en la dirección correcta. Seguramente no es demasiado tarde, y con algunas ideas nuevas su relación puede volver a ser apasionante.

Entre 15 y 20 casillas marcadas

Su relación ha dejado de estar bendecida por la buena suerte. Evidentemente, usted y su pareja van por caminos distintos. Tiene que considerar muy en serio si quiere seguir adelante esta relación… no es que esté haciéndose un gran favor.

El gran test del romanticismo

Cuente las respuestas de cada tipo, A, B, C y D. Cada respuesta de cada tipo es un punto. Lea la sección en la que haya obtenido más puntos.

Tipo A

Es un romántico sin remedio. Incluso la idea de pasear con su pareja por una playa solitaria, de una cena a la luz de las velas o de una declaración tradicional (con el hombre arrodillado con una rosa en la mano), le humedece los ojos y le hace temblar las piernas.

Sin embargo, sus continuas ideas románticas oscurecen su sentido de la realidad o ponen sus expectativas demasiado altas, lo que puede llevarle a tener problemas en su relación, sobre todo si su pareja no es romántica.

Tipo B

Es bastante romántico, pero tiene ambos pies firmes en el suelo y rara vez pierde la conexión con la realidad. De hecho, es una mezcla saludable y su pareja no le defraudará, en la mayoría de los casos. Para usted, el concepto del romanticismo no está unido a determinados clichés (pasear bajo la luz de la luna, declaraciones de amor, etcétera), sino que evoluciona a partir de un momento determinado… y eso es exactamente lo que lo hace tan especial para usted.

Tipo C

Considera el romanticismo más bien como un medio para conseguir un fin, especialmente si su pareja es muy romántica. Usted es realista (tener la carne de gallina por la emoción, ataques de felicidad al ver una chimenea o sentir que los niveles de endorfinas se elevan delante de una pareja que se casa no tienen nada que ver con usted) pero si eso hace feliz a su pareja (y le evita discusiones) está dispuesto a hacer lo que sea necesario.

Tipo D

No es en absoluto una persona romántica y tampoco intenta esconderlo, pues ya sabe que el leopardo no puede camuflar sus manchas, ni incluso por el amor de su pareja. Si alguien se lo pregunta, todo podría irse al traste. Lo considera casi todo como un simple engaño de los expertos en marketing (el día de san Valentín es un ejemplo evidente de ello... debió de inventarlo un florista o un fabricante de tarjetas de felicitación), y no piensa caer en ello.

Con unas opiniones tan extremas, no debería sorprenderle que continuamente tenga que enfrentarse a discusiones que le destrocen los nervios, sobre todo si su pareja es muy romántica.

Cómo conseguir que el romanticismo continúe

Para todos aquellos que han puntuado mal en nuestro test del romanticismo (y aquí hay seguramente más hombres que mujeres), hemos reunido una serie de consejos seguros que le permitirán manejar a su antojo a las mujeres.

1. **Prepare el entorno.** Si piensa en lo sensible que es la mujer a lo que la rodea y la elevada receptividad de sus sentidos a los estímulos externos, tiene sentido que el hombre preste atención al entorno. Las hormonas estrógenas de la mujer la sensibilizan a la iluminación adecuada: las habitaciones con iluminación tenue hacen que las pupilas se dilaten, algo que hace a todo el mundo resultar más atractivo, la piel atenúa sus imperfecciones y las arrugas se ven menos. La capacidad de oído superior de la mujer significa que tener un entorno con la música adecuada es importante, y una playa limpia y segura es mucho mejor que otra que pueda verse invadida por niños u otras personas en cualquier momento. La insistencia de las mujeres de tener sexo en la intimidad explica por qué la fantasía de muchas mujeres es tener relaciones sexuales en público, mientras que la de los hombres es mantener relaciones sexuales con una desconocida.

2. **Aliméntela.** Debido a su evolución como cazador de comida, podría pensarse que proporcionarle comida a una mujer enciende sus sentimientos femeninos más primitivos. Esta es la razón por la que invitar a una mujer a cenar es un acontecimiento tan importante para ella, aunque no tenga hambre, pues ofrecerle comida es una demostración de que al hombre le interesa su bienestar y su supervivencia. Cocinar para una mujer tiene incluso un significado intrínseco más profundo, pues saca a la luz sentimientos primitivos tanto en el hombre como en la mujer.

3. **Encienda un fuego.** Recoger leña y encender un fuego para dar calor y protección es algo que los hombres han hecho para las mujeres durante cientos de miles de años, y atrae el lado más romántico de la mujer. Aunque se trate de una chimenea de gas que ella podría encender sola, él tendrá que encenderla si pretende establecer una atmósfera romántica. La recompensa está en el acto de cuidar de sus necesidades, no en el fuego en sí.

4. **Compre flores.** La mayoría de hombres no comprenden el poder de un ramo de flores. Los hombres piensan: «¿Por qué gastar tanto dinero en algo que se morirá y se tirará a la basura en pocos días?». Para la mentalidad lógica del hombre tiene más sentido regalarle una maceta con una planta porque, con cuidados y atención, sobrevivirá. Pero la mujer no lo ve así, ella quiere un ramo de flores frescas. Pasados unos días, las flores mueren y las tira, pero eso le presenta al hombre la oportunidad de comprarle otro ramo y una vez más sacar a relucir el lado romántico de la mujer cuidando de sus necesidades.

5. **Vaya a bailar.** No es que los hombres no quieran bailar, es sólo que muchos de ellos no tienen el lugar en el hemisferio derecho cerebral necesario para percibir el ritmo. Asista a cualquier clase de aeróbic y observe a los participantes masculinos (si es que hay alguno) y mire cómo intentan mantener el compás. Cuando un hombre asiste a lecciones básicas para aprender a bailar el rock and roll y el vals, será el éxito de la fiesta para todas las mujeres. La danza se ha descrito como el acto vertical de un deseo horizontal, y esa es toda su historia:

es un ritual que ha evolucionado para permitir el contacto entre el cuerpo masculino y el femenino como inicio del cortejo, como sucede con otros animales.

6. **Compre chocolate y cava.** Esta combinación lleva mucho tiempo asociándose con el romanticismo, a pesar de que poca gente sabe por qué. El cava contiene un elemento químico que no está presente en otras bebidas alcohólicas y que aumenta los niveles de testosterona. El chocolate contiene feniletilamina, que estimula el centro cerebral del amor en la mujer. Investigaciones recientes llevadas a cabo por Danielle Piomella en el Instituto de Neurociencias de San Diego, han descubierto tres nuevos elementos químicos, denominados N-aciletanolaminas, que se vinculan en el cerebro de la mujer con los receptores del cannabis, proporcionándole sensaciones similares a las que se obtienen consumiendo marihuana. Estos elementos químicos se encuentran en el cacao, pero no en el chocolate blanco ni en el café.

Y para todas las mujeres que, en contraste con sus parejas, son tremendamente románticas: ¡aún hay esperanzas para usted! Utilice notas como la siguiente para listar sus deseos y las cosas que quiere de su pareja, y luego deje el libro abierto por esta página sobre su almohada. Estamos seguros de que al menos algo de todo ello le llegará al corazón a su pareja.

Cariño, me gustaría que tú

5

Matrimonio, amor, romanticismo y sexo

«... quiero sinceridad; honestidad y una relación monógama. No me van los hombres a los que les gusta jugar.»

Un hombre – Una mujer

La pareja ha sido el concepto general de vida del ser humano durante miles de años. Era habitualmente un acuerdo en el que el hombre conservaba a su mujer favorita y, si podía permitirse mantenerlas, a varias mujeres más, además de mantener encuentros sexuales adicionales de forma esporádica. El matrimonio moderno es una invención reciente. Siempre que cualquier actividad humana se ve rodeada por rituales elaborados y declaraciones públicas, es normalmente contrario a nuestra biología y pretende obligar a la gente a hacer algo que naturalmente no haría.

No queremos decir con esto que el matrimonio no tenga cabida en la sociedad moderna, sino que es importante comprender su historia y su relación con nuestra biología. Pero queda una importante pregunta por responder: ¿Qué ventaja tiene el matrimonio para los hombres? En términos evolucionistas básicos, ninguna. Un hombre es como un gallo cuya necesidad consiste en esparcir su semilla genética lo más ampliamente posible y lo más a menudo que pueda. Y aun así, la mayoría de hombres siguen casándose, los hombres divorciados se casan de nuevo o viven como si estuviesen casados. Esto demuestra la destacable habilidad de la sociedad para reprimir a los hombres biológicamente promiscuos.

Cuando los hombres caminan por el pasillo de la iglesia, muchos de ellos lo ven como un suministro eterno de sexo a petición del consumidor, pero esta perspectiva, algo que no se comenta nunca antes del matrimonio, no es la misma que tienen las mujeres. Para la mujer, el matrimonio es una declaración al mundo de que un hombre la considera «especial» y que pretende mantener con ella una relación monogámica. La fidelidad tiene una elevada prioridad en las listas de las mujeres, y la mayoría daría por terminada una relación si el hombre es infiel.

Esta es una diferencia que los hombres casi nunca entienden. La mayoría cree que echar una cana al aire no afectará a su relación porque a los hombres no les cuesta separar en el cerebro el sexo del amor. Para las mujeres, sin embargo, el sexo y el amor van unidos. Una relación sexual con otras mujeres puede considerarse como la traición definitiva, y un buen motivo para dar por terminada una relación.

El sexo no equivale a sexo

La diferencia entre hombres y mujeres no podría ser mayor que en lo que al sexo se refiere. Esto se sabe desde hace miles de años. Y este hecho es el origen de muchas quejas y discusiones entre hombres y mujeres. Hay un viejo chiste que dice que las mujeres hacen el amor, y los hombres practican el sexo. Pero ese es sólo uno de los muchos aspectos que hacen visibles las diferencias.

Por ejemplo, los hombres siempre están listos para el sexo. Las mujeres, por otro lado, suelen necesitar una ocasión y una habitación adecuada para el sexo y, por lo tanto, suelen reprimir al hombre por ello. Pero el impulso sexual entusiasta e impulsivo de los hombres tiene un claro objetivo: garantizar la continuidad de la especie humana. Y él también necesita esparcir su semilla genética lo más ampliamente posible y lo más a menudo que pueda. Para que una mujer sienta deseo de sexo necesita sentirse querida, adorada e importante. Y aquí está el giro del que casi nadie se da cuenta. Un hombre necesita sexo antes de sintonizar sus sentimientos. Desgraciadamente, la mujer necesita que él haga eso antes de sentirse motivada por el sexo. Las madres enseñan a sus hijas que los hombres sólo quieren una cosa, sexo, pero esto no es exactamente así. El hombre quiere amor, pero sólo puede conseguirlo a través del sexo.

En cuestión de sexo, los hombres funcionan como cocinas a gas (se calientan en un instante), mientras que las mujeres son como hornos eléctricos (necesitan un rato para calentarse), lo que a menudo provoca problemas en la pareja. Además, los hombres utilizan el sexo para expresar físicamente lo que no pueden expresar emocionalmente. Pocos problemas hay que el hombre pueda tener y el buen sexo no pueda solucionar. Para que el hombre se sienta realizado con el sexo, necesita liberar la tensión. La mujer tiene la necesidad contraria: necesita sentir que la tensión crece a lo largo de un período más prolongado de tiempo con el prerrequisito de disponer de mucha atención y conversación. Él quiere vaciar; ella quiere llenar. Los hombres que comprenden esta diferencia se convierten en mejores amantes.

La mujer, por otro lado, debería mostrar comprensión cuando después del sexo el hombre se levanta para «hacer algo», como ver la televisión, cambiar una bombilla o preparar café. Esto se debe a que el hombre necesita sentir constantemente que se controla y, durante el orgasmo, pierde temporalmente ese control. Levantarse y hacer algo le permite recuperar ese control.

La mayoría de parejas no abordan estas diferencias y cada uno espera del otro que comprenda sus necesidades, pero la naturaleza no lo ha planificado así. Puede que esté de moda decir que los hombres y las mujeres modernos sienten un interés igual por el sexo, o que las parejas normales encajan a la perfección en el terreno sexual, pero en la vida real no es así.

Las prioridades sexuales de hombres y mujeres son tan distintas que no tiene sentido que uno castigue al otro. Nadie puede evitarlo, se hicieron así.

¿Está usted preparado para el matrimonio?

¿Se está planteando casarse pronto? ¿O le gustaría pero no está seguro de si su relación acabará durando? Realice el siguiente test y descubrirá inmediatamente si su relación tiene una base sólida y puede aventurarse con el matrimonio sin darle más vueltas, si sería mejor esperar un poco más o si debería reconsiderar completamente su decisión.

Señale las frases con las que esté de acuerdo.

- ❑ ***Usted y su pareja tienen muchos intereses en común y ambos lo consideran importante.***
- ❑ ***Tiene ganas de envejecer junto a su pareja.***

❑ ***La decoración de su casa les satisface a ambos.***

❑ ***Cuando están juntos, ríen a menudo y mucho.***

❑ ***Después de una discusión, cualquiera de los dos puede dar el primer paso.***

❑ ***Los dos se reúnen regularmente con sus antiguas amistades.***

❑ ***Ambos tienen las mismas perspectivas de vida.***

❑ ***Están de acuerdo en si quieren tener hijos o no y en cuántos desean.***

❑ ***Con su pareja se siente siempre feliz y seguro.***

❑ ***Son de la misma opinión en lo que al dinero se refiere.***

❑ ***Ambos tienen un trabajo que les gusta y que es igualmente importante para ustedes.***

❑ ***Puede aceptar algunas debilidades en su pareja.***

❑ ***Tiene a su pareja en gran consideración y le demuestra su respeto.***

❑ ***Conocen sus mutuos deseos sexuales y hablan de ellos con regularidad. Está seguro de que las crisis fortalecen la relación.***

❑ ***Están los dos dispuestos al mismo nivel de compromiso.***

❑ ***Les gustan sus respectivas familias y están por ellas equitativamente.***

❑ ***A sus amigos les gusta mucho su pareja y viceversa.***

❑ ***Ambos son capaces de admitir sus fallos y no se aprovechan de ello.***

❑ ***Confían el uno en el otro.***

La prueba reveladora de la fidelidad

Un hombre casado o con una relación sentimental larga siempre tiene la secreta preocupación de que los hombres solteros tienen más sexo y más diversión. Se imagina salvajes fiestas de solteros, aventuras, relaciones sin ningún tipo de compromiso y jacuzzis llenos de supermodelos desnudas. Teme tener la oportunidad justo delante de sus narices y estar desperdiciándola. No importa el hecho de que cuando estaba soltero estas oportunidades jamás se le presentaran. Se olvida de todas esas noches sentado solo y comiendo una lata de judías sin calentar siquiera, de los humillantes rechazos de las mujeres delante de sus amigos en las fiestas y de los largos períodos de abstinencia sexual. Pero no puede evitar pensar que el compromiso equivale a dejar pasar oportunidades.

Las mujeres, por otro lado, no suelen tener este tipo de preocupaciones. No se preguntan constantemente lo que pueden estar perdiéndose, sino que disfrutan de lo que tienen. A diferencia de los hombres, las mujeres que son infieles no buscan grandes aventuras ni excitantes interludios eróticos. Evidentemente, la excepción confirma la regla, pero en la mayoría de los casos, las mujeres que tienen una relación fuera de la pareja se sienten olvidadas o no lo suficientemente queridas, y buscan en esa relación la seguridad y la intimidad que no tienen.

¿Y su pareja? ¿Es fiel de verdad? ¿O hay motivos por los que desconfiar? ¿Es su pareja siempre sincera con usted o piensa de vez en cuando sólo en sus propios intereses? Tal vez no haga mucho tiempo que conoce a su pareja y le gustaría someterla a un test. ¡Aquí tiene una oportunidad!

En cada pregunta, señale la respuesta que mejor corresponda a su pareja.

1. ***¿Es celosa su pareja?***
- ❑ Sí, mucho. (A)
- ❑ No, en absoluto. (C)
- ❑ De vez en cuando, pero no excesivamente. (B)

2. ***¿Y usted?***
- ❑ Sí, mucho. (A)
- ❑ No, en absoluto. (C)
- ❑ De vez en cuando, pero no excesivamente. (B)

3. ***¿Qué piensa en general su pareja de la fidelidad?***
- ❑ Básicamente, es muy importante para ella, pero perdonaría una pequeña infidelidad. (C)
- ❑ Para mi pareja, ser fiel es un prerrequisito para cualquier relación. (A)
- ❑ En sus anteriores relaciones no le dio mucha importancia al asunto. (B)

4. ***¿Y usted?***
- ❑ Básicamente, es muy importante, pero perdonaría una pequeña infidelidad. (C)
- ❑ Para mí, ser fiel es un prerrequisito para cualquier relación. (A)
- ❑ En sus anteriores relaciones no fue muy estricto al respecto. (B)

5. ***¿Le ha mentido su pareja en alguna ocasión?***
- ❑ No, nunca. (A)
- ❑ Quizá alguna vez haya habido alguna mentira inocente, pero también probablemente lo haya hecho yo. (B)
- ❑ Sí, más de una vez. (C)

6. ¿Cómo le demuestra su cariño su pareja?

- ❑ Me dice con regularidad que me quiere. (A)
- ❑ Rara vez, si alguna, me ha dicho que me quiere. (C)
- ❑ No tanto con palabras, sino más bien a través de sus gestos y sus actos. (B)

7. ¿Tiene su pareja secretos con usted?

- ❑ No, que yo sepa. Siempre nos lo contamos todo. (A)
- ❑ Sí, y sufro por ello, porque yo siempre se lo cuento todo. (C)
- ❑ Alguno tiene, pero mientras sean sólo secretos pequeños, no me importa... yo también tengo alguno. (B)

8. ¿Le gusta a su pareja hablar sobre sus anteriores parejas o líos amorosos?

- ❑ Sí, con más frecuencia de lo que a mi me gustaría. (C)
- ❑ No, nunca habla, a pesar de que a mí me gustaría saber más al respecto. (A)
- ❑ Ninguno de los dos lo hace. (B)

9. ¿Hace con frecuencia su pareja cosas sin darle explicaciones sobre dónde va o con quién se ve?

- ❑ No, siempre sé dónde está y con quién. (A)
- ❑ Sí, con frecuencia, y siempre se enfada cuando le pregunto. (C)
- ❑ No tengo por qué saber exactamente dónde va y qué hace, y lo mismo al contrario. (B)

10. ¿Conoce usted a los amigos y conocidos de su pareja, aunque sean del sexo opuesto?

- ❑ Por lo que sé, sí. (A)
- ❑ No, sólo a unos pocos. (C)
- ❑ No a todos, pero sí a la mayoría, y lo mismo al contrario. (B)

11. ¿Ha sospechado alguna vez que su pareja pudiera tener un lío amoroso?

- ❑ Sí, más de una vez. (C)
- ❑ No, nunca. (A)
- ❑ No me lo tomo tan en serio y, de todos modos, confiamos mutuamente en nosotros. (B)

12. ¿Tiene su pareja frecuentes enamoramientos con estrellas de cine u otros famosos?

- ❑ Sí, y no esconde su entusiasmo. (C)
- ❑ No, no hace cosas así. (A)
- ❑ La verdad es que no, pero a veces también me sucede a mí un poco. (B)

13. ¿Va su pareja de vacaciones sin usted?

- ❑ No, queremos pasar juntos el mejor momento del año. (A)
- ❑ Sí, con amigos, y es muy importante para mi pareja. (C)
- ❑ De vez en cuando vamos de vacaciones por separado si resulta inevitable. Y nos parece bien a los dos. (B)

14. ¿Le ha sido infiel su pareja en alguna ocasión?

- ❑ Sí, desgraciadamente. (C)
- ❑ No, que yo sepa, pero tampoco se lo cuestiona. (B)
- ❑ No, seguro que no. (A)

15. ¿Viven físicamente muy lejos el uno del otro, o uno de los dos permanece mucho tiempo fuera de casa debido a su trabajo?

❏ No. (A)

❏ Sí, pero a los dos nos gusta que así sea. (B)

❏ Sí, y nuestra relación lo sufre. (C)

¿Resiste usted la presión?

Los hombres estresados consumen alcohol e invaden otros países. Las mujeres estresadas comen chocolate e invaden los centros comerciales. Bajo presión, las mujeres hablan sin pensar y los hombres actúan sin pensar. Esa es la razón por la que el noventa por ciento de los ocupantes de las cárceles son hombres y el noventa por ciento de las personas que acuden a un terapeuta son mujeres. Cuando tanto los hombres como las mujeres se encuentran bajo presión, la situación puede convertirse en un campo de batalla emocional. Por lo tanto, el test que sigue a continuación tiene que ver con su resistencia a la presión. Descubrirá si se estresa con facilidad y si ello pone innecesariamente la relación en situaciones de tensión. Señale las respuestas que mejor le encajen.

1. Va de camino a la oficina, pero tiene que pararse antes en la farmacia para recoger unas medicinas que solicitó. Al mismo tiempo que usted, entra una señora mayor, se adelanta hasta el mostrador y empieza a describir todas sus penas y dolores al farmacéutico. ¿Cómo reacciona usted?

❏ Sonríe y le permite su pequeña charla. Los cinco minutos que tiene que esperar no le importan. (Tipo A)

- ❑ Tiene la sensación de que va a explotar y da rienda suelta a su enfado con un comentario desagradable antes de salir dando un portazo. (Tipo C)
- ❑ Si realmente tiene prisa, interrumpe con educación y explica su situación. De lo contrario, permite que la anciana siga con su discurso. (Tipo B)

2. Está preparando una conferencia, tiene una larga lista de cosas que hacer relacionadas con la misma y se encuentra bajo una presión de tiempo extrema. Justo entonces, le llama su madre y quiere saber cuándo va a ir a verla. ¿Qué le responde?

- ❑ Le grita airada diciéndole por qué la llama a la oficina cuando le ha dicho mil veces que lo haga sólo en caso de urgencia. Antes de colgarle, le suelta que no le apetece ir a verla después de recibir esa estúpida llamada. (Tipo C)
- ❑ Habla unos minutos con su madre, puede perder un poco de tiempo con ella. (Tipo A)
- ❑ Le dice que se siente muy feliz con la llamada pero que no tiene tiempo para hablar con ella en este momento y que la llamará por la noche. (Tipo B)

3. Es el día antes de Navidad y no hay forma de evitar el atasco, en el centro de la ciudad, que tiene que sufrir para comprar unos cuantos regalos pendientes. Su pareja, que le acompaña, se toma su tiempo y se entretiene en todas las tiendas mientras lo que usted quiere es acabar de una vez con su lista. ¿Cómo reacciona?

- ❑ Después de media hora como máximo, inicia una seria discusión y le dice a su pareja que habría sido mejor ir sin ella. (Tipo C)
- ❑ Le deja ir a su ritmo y disfrutan de la tarde juntos

antes de apresurarse a comprar todos los regalos en el último minuto. (Tipo A)

- ❑ Le sugiere separarse y reunirse dos horas después en una cafetería, así ambos estarán contentos. (Tipo B)

4. ¿Qué sucede cuando está en una situación de mucho estrés?

- ❑ Se vuelve agresivo o le afecta a su personalidad. (Tipo C)
- ❑ No permite que las cosas le preocupen. (Tipo A)
- ❑ Realmente depende de la situación, pero básicamente intenta encontrar una salida feliz. (Tipo B)

5. ¿Suele sentirse tenso?

a. Sí, con mucha frecuencia. (Tipo C)
b. No, rara vez le ocurre. (Tipo B)
c. No, nunca. (Tipo A)

Puntuaciones: ¿Está usted preparado para el matrimonio?

Cuente las casillas que ha señalado y lea la sección que le corresponda.

Entre 0 y 5 casillas marcadas

Debería replantearse la idea de casarse. Es evidente que usted y su pareja no están de acuerdo en muchas cosas. Y desgraciadamente, con estos prerrequisitos, las posibilidades de que el matrimonio dure son muy bajas.

Entre 6 y 14 casillas marcadas

Dependiendo de en qué mitad de la escala se encuentre, debería andarse con mucho cuidado. No podemos recomendarle que se case sin tener nuestras reservas. Entre usted y su pareja hay demasiadas preguntas abiertas. Piénseselo y plantéese seriamente si realmente quiere a su pareja y, de ser así, clarifique todos los malentendidos antes de prometerse amor eterno.

Entre 15 y 20 casillas marcadas

Lo único que podemos recomendarle es que se case. Naturalmente, la garantía de éxito al cien por cien no existe, pero en su caso los prerrequisitos y las posibilidades son muy buenas. De modo que actúe siguiendo el dicho «Quien no se aventura, nada gana» y sumérjase en los preparativos. Usted y su pareja le sacarán buen partido.

La prueba reveladora de la fidelidad

Cuente ahora sus puntuaciones en A, B y C. Cada respuesta vale un punto. Lea la sección siguiente, que corresponde a la letra en la que ha obtenido mayor puntuación.

A

Definitivamente, su pareja puede contarse entre los fieles, aunque la garantía al cien por cien jamás existe. Su pareja, evidentemente, espera lo mismo de usted. Sin embargo, a veces se muestra algo celosa y posesiva y, en contadas excepciones, puede incluso pasarse de la raya.

B

Usted y su pareja tienen una opinión muy similar acerca de la fidelidad y las relaciones. Ambos dejan al otro suficiente libertad y siempre son sinceros y abiertos. Se encuentran en el mismo nivel y su relación está marcada por el respeto mutuo. ¿Qué más quiere?

C

No puede contar con la fidelidad absoluta de su pareja. Si acaba de enamorarse y todo va bien en la relación, su pareja no buscará a nadie más. Pero tarde o temprano su necesidad de libertad acabará siendo más fuerte, y entonces no podrá garantizarle nada.

¿Resiste usted la presión?

Los hombres y las mujeres que intentan enfrentarse a la presión pueden, con mucha facilidad, causar problemas en una relación. En primer lugar, los hombres dejan de hablar y las mujeres se preocupan por ello. Luego, las mujeres empiezan a hablar y los hombres no lo aguantan. Para que él se sienta mejor, ella intenta animarle a comentar el problema, que es lo peor que puede hacer. Él le dice que le deje tranquilo y se retira a otro rincón.

Cuando ella está bajo presión, quiere comentar sus problemas, algo que a él todavía le gusta menos. Cuando él se retira a su rincón, ella se siente rechazada y poco querida y llama a su madre, hermana o amigas.

Intente tener en cuenta estos distintos comportamientos la próxima vez que se sienta frustrado o agobiado, y no espere que su pareja reaccione igual que usted lo haría. Es la única manera de evitar peleas.

Ahora cuente sus respuestas de tipo A, B y C. Cada respuesta es un punto. Lea la sección siguiente, que corresponde a la letra en la que ha obtenido mayor puntuación.

Tipo A

¡Felicidades! Resiste muy bien el estrés y apenas permite que las cosas le preocupen. Sabe cómo tomárselo todo con sentido del humor y no permite que las colas, la gente desagradable o el estrés le arruinen el día. Sin embargo, podría darse el caso de que su pareja le atacara justamente porque nunca baja la guardia y es siempre imbatible.

Tipo B

Es usted, en general, una persona equilibrada y siempre intenta hacer el seguimiento de las cosas. Intenta evitar las situaciones estresantes de entrada, y la mayoría de las veces le funciona. Por lo tanto, y al ser una persona bien organizada y tener el día «bajo control», pocas veces se siente agobiada. Si en algún momento siente estrés, el sentimiento disminuye al cabo de poco tiempo porque de inmediato toma medidas.

Tipo C

Está permanentemente bajo presión porque se deja agobiar fácilmente por los demás o por las circunstancias, y porque actúa de forma desorganizada y caótica. La mayoría de las veces intenta hacer muchas cosas a la vez y deja que los demás (amigos o compañeros de trabajo) le carguen con más cosas de las que puede hacer. Como no quiere ceder bajo ninguna circunstancia, ni admitir que ha asumido demasiada carga, se siente permanentemente estresado. Esto le hace fácilmente irritable, lo que lleva a tener discusiones con la pareja. Intente limitar su carga diaria a lo básico y nunca descargue sus sentimientos sobre los demás.

6

La verdad saldrá a relucir

Un hombre sometiéndose al test definitivo del detector de mentiras.

Tipos de mentiras

Existen cuatro tipos básicos de mentiras: la Mentira Inocente, la Mentira Benéfica, la Mentira Maliciosa y la Mentira Engañosa. La Mentira Inocente forma parte de nuestro tejido social y nos impide herirnos emocionalmente o insultarnos con la fría, dura y dolorosa verdad. La Mentira Benéfica es la que utiliza una persona que pretenda ayudar a los demás. Por ejemplo, la mentira de un granjero que esconde a los judíos de los nazis y se le pregunta si da cobijo a algún judío en su casa, es considerada como heroica. El bombero que extrae a un niño de los restos de un coche incendiado y le miente diciéndole que su padre y su madre están bien, está salvando al niño, a corto plazo, de sufrir un trauma mayor. Los médicos que mienten al paciente en su lecho de muerte para subirle el ánimo o que recetan falsos medicamentos, o placebos, a determinados pacientes, están también, técnicamente, mintiendo.

La peligrosa es la Mentira Engañosa, porque el mentiroso intenta hacer daño o aprovecharse de la víctima en beneficio propio. Existen dos estilos principales de mentira engañosa: ocultación y falsificación. En la ocultación, el mentiroso no dice exactamente una mentira, sino que oculta información. Este tipo de mentira es un acto intencionado, nunca un accidente.

Las Mentiras Maliciosas se emplean por venganza o para obtener un beneficio. Las personas influyentes, como actores, ricos y políticos son blancos evidentes de mentiras maliciosas para obtener un beneficio. Los periodistas que luego publican estas historias en programas y revistas engañosas, sabiendo que no son verdad, pueden también obtener un beneficio, igual que los rivales del mundo de los negocios, políticos y del negocio del espectáculo. Las mentiras maliciosas, o rumores, se utilizan a menudo como armas en situaciones de competencia. Los mentirosos maliciosos tienen como objetivo destruir el carácter y la reputación de sus víctimas, habitualmente con resultados duraderos y devastadores. Una empresa, por ejemplo, podría difundir información falsa sobre las supuestas dificultades financieras de su principal competidor.

La forma más común de mentira es el autoengaño, la mentira que permite a una persona fumar dos paquetes de cigarrillos al día y decir que no está enganchado al tabaco, o la que se convence de que un postre cargado de calorías no interfiere con su régimen.

Cuanto más próximos estamos a una persona, más difícil es mentirle, debido a todas las emociones que se ven implicadas. Por ejemplo, a un esposo le costará mentirle a su mujer si realmente la quiere, pero no tendrá dificultades para mentirle a un enemigo si es secuestrado durante una guerra. Y aquí está la clave del mentiroso patológico: no tiene vinculación emocional con nadie y cualquier mentira le resulta fácil

¿Quién miente más?

La mayoría de mujeres afirman entusiasmadas que, sin lugar a dudas, los hombres mienten con una frecuencia mucho mayor que las mujeres. Sin embargo, los estudios científicos y los experimentos demuestran que hombres y mujeres mienten prácticamente igual. Lo que es distinto es el contenido de sus mentiras. Las mujeres tienden a mentir para que los demás se sientan mejor, y los hombres mienten en beneficio propio. Las mujeres mienten para salvar la relación. A las mujeres les cuesta más mentir sobre sus sentimientos. Los hombres mienten para evitar una discusión y les encanta mentir sobre sus aventuras de juventud.

Esta es la principal diferencia entre mentiras masculinas y femeninas. La mujer mentirá diciendo que a alguien le sienta estupendamente un vestido nuevo, aunque piense que esa persona parece un saco de patatas. En las mismas circunstancias, el hombre se mantendrá alejado de esa persona para evitar la mentira y sólo mentirá si se ve obligado a emitir su opinión. Dirá que el vestido resulta «interesante» o «encantador», dirá una mentira indirecta como «¿Qué quieres que diga?» o «No me salen las palabras» o simplemente mentirá diciendo que le encanta. Y cuando un hombre dice una mentira, la mayoría de mujeres sabe detectarla. Un hombre puede perfectamente decir que es el segundo responsable de distribución en una empresa internacional del sector alimenticio, cuando en realidad es repartidor de Pizza Hut.

La evidencia es clara: las mujeres mienten tanto como los hombres, pero mienten de manera distinta. Gracias a su extremado conocimiento del lenguaje corporal y de las señales que emite la voz, los hombres resultan pillados más a menudo, lo que hace parecer que los hombres mientan más. Pero no. Simplemente, les pillan.

El pequeño test de los timos y las mentiras inocentes

Todo el mundo miente. La mayoría de las mentiras tiene lugar en los primeros encuentros, cuando todo el mundo desea presentarse con el mejor aspecto posible. Y casi todas las mentiras son Mentiras Inocentes. Decimos estas mentiras como un modo de permitirnos vivir juntos sin violencia y agresión, porque a menudo preferimos escuchar sutiles distorsiones de la verdad que los hechos puros y duros.

¿Cuándo dijo usted su última mentira? ¿Nunca mintió? No le creemos. Reflexione a fondo y todo el tiempo que necesite, y sea sincero. Muy bien, es posible que no mintiera en realidad, sino que permitiera que alguien hiciera un supuesto erróneo basándose en lo que usted le dijo o no le dijo, o simplemente dijo una pequeña mentirijilla para no herir sus sentimientos. ¿Sería sólo una pequeña mentira inocente?

¿Dónde estaría en este momento si le hubiera dicho la verdad más absoluta a todo aquel con quien hubiera interactuado durante la pasada semana? ¿En el hospital? ¿En la cárcel, quizá? ¿Cómo habrían respondido de haberles dicho exactamente las mismas palabras que se le pasaban a usted por la cabeza? Una cosa es segura: no tendría usted amigos y, muy probablemente, estaría en el paro.

¿Qué hay entre usted y la verdad? ¿Se deja arrastrar de vez en cuando y dice alguna que otra mentira inocente, por conveniencia, por no hacer daño a nadie o para quedar mejor ante los demás? ¿O se toma muy en serio la verdad y cree que siempre debería contar a todo el mundo toda la verdad? Si quiere descubrirlo, marque las frases siguientes con las que esté de acuerdo. En las preguntas dirigidas claramente al sexo opuesto, decida cómo se comportaría si estuviese en esa situación y señale la casilla correspondiente.

- ❑ ***A veces sonríe y se aguanta si piensa que podría obtener un beneficio.***
- ❑ ***Se peina los últimos mechones de cabello sobre las zonas donde más clarea y espera con ello simular que tiene el cabello en perfectas condiciones.***
- ❑ ***Ha fingido un dolor de cabeza o una migraña para cancelar una cita o evitar mantener relaciones sexuales.***
- ❑ ***Si llega tarde, nunca le falta una excusa convincente.***
- ❑ ***Si discute con su pareja, a veces distorsiona los hechos para reforzar su postura.***
- ❑ ***En respuesta a la pregunta, «¿Cómo te encuentras?», responde «Muy bien, gracias», cuando la realidad es lo contrario, pero no quiere hablar de ello.***
- ❑ ***De pequeño recitaba una poesía en el día de la Madre que elogiaba a su madre como una persona perfecta, mientras que solía pensar que ella le trataba mal o no le comprendía.***
- ❑ ***Le gusta llevar tacones altos para que sus piernas parezcan más largas.***
- ❑ ***Si le preguntan la edad, evade claramente la respuesta, o da como respuesta menos años de los que tiene.***
- ❑ ***Ha exagerado un poco durante una entrevista para un puesto de trabajo para presentarse con mejor aspecto.***
- ❑ ***Cuando su mejor amigo le pregunta su opinión respecto a su nueva pareja dice algo agradable aunque en realidad esa persona no sea de su agrado.***
- ❑ ***Se tiñe regularmente el cabello para cubrir las canas y parecer más joven.***

- ❑ ***Si quisiera vender su coche se olvidaría casualmente de mencionar que el motor pierde aceite a veces.***
- ❑ ***Si su tía le regala para su cumpleaños un jarrón horrible, se limita a decir, «Qué bonito» porque no quiere herirla.***
- ❑ ***Cuando le invitan a cenar siempre dice que le ha gustado la comida (aunque no sea así), sólo para complacer al cocinero.***
- ❑ ***Si chatea por Internet no es muy exacto con sus detalles personales.***
- ❑ ***Cuando un conocido le enseña un vestido nuevo le dice «Te queda estupendo», aunque lo considere repulsivo.***
- ❑ ***Le ha explicado a su hijo que los Reyes no existen.***
- ❑ ***Utiliza normalmente maquillaje y se ha planteado también ponerse uñas de porcelana.***
- ❑ ***Si pusiera en venta su casa no mencionaría de entrada que está cerca del aeropuerto.***

El test definitivo para detectar mentiras

Mentimos por dos razones: para obtener un beneficio o para evitar el dolor. Afortunadamente, la mayoría de gente experimenta un sentimiento de culpa, remordimiento o incomodidad cuando miente, y a muchos les resulta imposible esconderlo. La otra persona, entonces, puede intentar discernir si le dicen la verdad o le mienten. Con un poco de práctica, puede aprender a reconocer las señales de comportamiento y aprender a decodificarlas.

Naturalmente, el test infalible para detectar mentiras no existe. Los mentirosos experimentados muestran habitualmente escasos signos de tensión y suelen superar mejor el test que las personas honestas, que siempre se ponen nerviosas ante situaciones de examen. Esa es la razón por la cual las preguntas y tareas que siguen a continuación sólo pueden ofrecer pistas que nos ayudarán a desenmascarar al mentiroso.

Si su pareja es mujer, lea la parte 1 del test; si es hombre, lea la parte 2. Si es usted gay, responda según si el comportamiento de su pareja es más masculino o femenino que el suyo. En cualquiera de los casos, señale todas las frases que encajen con su pareja en las situaciones descritas o en situaciones similares. Es posible no señalar ninguna o más de una respuesta por pregunta.

Parte 1: A responder sólo por hombres

1. Cuando abre el armario de los zapatos, donde los zapatos de su pareja ocupan tres cuartas partes del espacio disponible, caen al suelo un par de zapatos por estrenar y que usted no había visto nunca. Evidentemente, su pareja ha vuelto a ir de compras. ¿Qué le dice ella cuando se lo comenta?

- ❑ Dice: «Oh, sí, los zapatos. Me olvidé completamente de comentártelo. ¿A que son bonitos?», y sonríe inocentemente.
- ❑ Evita el tema, tartamudea y no sabe qué decir: «Oh, ésos... yo... bueno... los compré hace siglos... pero nunca llegué a ponérmelos».
- ❑ Parece totalmente tensa y dice con un tono algo agresivo: «Se los he pedido prestados a Miriam. ¿No me crees?».

- ❑ «Oh, me pregunto de dónde habrán salido», dice, fingiendo un repentino ataque de amnesia antes de dar media vuelta y marcharse diciendo: «No tengo ni idea».
- ❑ «Estaban muy baratos. Una verdadera ganga, te lo juro», afirma en un tono de voz mucho más elevado de lo habitual.

2. Lleva algún tiempo sospechando que su pareja no está jugando al tenis con su mejor amiga cuando dice estarlo. A pesar de que no tiene motivo alguno para pensar que esté teniendo algún romance, siente que algo va mal. Una tarde va a recogerla al trabajo y se lo dice directamente, manteniendo la calma. ¿Qué sucede?

- ❑ Ella parece escandalizada: «Lo juro, estoy jugando al tenis con Sarah». Sin embargo, su voz tiembla ligeramente.
- ❑ Le dice indignada que llame a su amiga y que escuche personalmente que es completamente sincera con usted. Incluso le pasa el teléfono. Pero el ojo derecho no para de movérsele.
- ❑ Se frota las manos, nerviosa, pero afirma que ha estado jugando al tenis. Añade incluso: «¿Cómo puedes acusarme así?».
- ❑ Parece completamente asombrada y le dice, sorprendida: «No tengo motivos para mentirte». Sin embargo, evita más preguntas afirmando que no tiene por qué verse implicada en una conversación ridícula de este tipo.
- ❑ Se sale de sus casillas de rabia y le acusa de arrojarla en brazos de otro con sus estúpidos celos. Mientras dice esto, la comisura de su boca se tuerce y sus pupilas se contraen ligeramente.

3. Le gustaría limpiar el coche a fondo y busca los vaqueros viejos que guarda para ocasiones como ésta. A pesar de que ha mirado por todos lados, sigue sin encontrarlos. Finalmente, pregunta a su pareja si sabe dónde están sus pantalones. ¿Cómo reacciona ella?

- ❑ Se indigna y grita: «¿Es culpa mía que seas incapaz de tener las cosas ordenadas? No es mi problema si no encuentras tus trapos», antes de salir precipitadamente de la habitación.
- ❑ Se sonroja y da media vuelta, antes de murmurar en un tono apenas audible: «No tengo ni la más remota idea. ¡De verdad!».
- ❑ «Quizá... están... en... en la colada», tartamudea, suspira y propone, en un tono exageradamente amistoso: «¿Por qué no te pones los pantalones cargo marrones, aquellos viejos?».
- ❑ «No lo sé», dice y da media vuelta, desganada. «Vamos, te ayudaré a buscarlos», se ofrece... algo que nunca ha hecho antes.
- ❑ Dice: «Oh, aquellos... bien... los puse el otro día en la secadora y encogieron. Así que es una pena, pero tuve que tirarlos. Lo siento de verdad. Te lo habría dicho antes, pero...». O dice que ha derramado en ellos algún producto tóxico y ha tenido que tirarlos.

4. Compran un piso juntos y acuerdan que los dos harán sacrificios para pagarlo. Usted se aferra al plan, por difícil que le resulte, mientras que su pareja llega una y otra vez a casa con nuevos modelitos de diseñador. ¿Cómo justifica ella sus compras?

- ❑ Afirma que su mejor amiga le regaló el jersey para hacerla feliz y se queda mirándose las uñas para despistar.

- ❑ Sin el mínimo rastro de mala conciencia, pero con un tono una octava más elevado de lo habitual, dice: «Querido, no querrás de verdad que nos peleemos, ¿no?».
- ❑ Ignora deliberadamente su pregunta y le pregunta, a su vez: «Tenía que comprarlo. ¿O prefieres que vaya desnuda a la oficina?».
- ❑ Sonríe e intenta adularle: «Quedaré tan sexy que todos los hombres estarán celosos de ti en esa fiesta que tenemos mañana por la noche».
- ❑ Se frota la nariz, incómoda y dice: «Era una ganga. E incluso hemos ahorrado dinero porque Emma ya compraba uno y así el mío salió incluso más barato».

5. Su madre los ha invitado, a usted y a su pareja, a comer el domingo. Se enfada fácilmente cuando alguien llega tarde. Su pareja visita a una amiga esa misma mañana y le promete que volverá con tiempo, algo que, naturalmente, no sucede. ¿Qué excusa le pone?

- ❑ Empieza a explicarle la mañana hasta el más mínimo detalle, dramatizando todos y cada uno de los acontecimientos, pero no le explica el motivo por el que llega tarde.
- ❑ Se sube la cremallera de la chaqueta de un golpe y dice: «Es culpa de Amy. Me ha entretenido. De verdad. Puedes preguntárselo si no te lo crees».
- ❑ Dice en un tono de voz mucho más elevado de lo normal: «Lo siento. El coche no arrancaba y me quedé sin batería en el móvil».
- ❑ Se limita a decir: «No es culpa mía. Tienes que creerme».

- ❑ Intenta despistar diciendo que su madre es una exagerada y que eso la pone de los nervios.

Parte 2: A responder sólo por mujeres

1. Su pareja llega a casa a las cuatro de la mañana, ligeramente desequilibrada. Estaba en casa de unos amigos para una «velada social». Huele terriblemente a peppermint (que ni siquiera le gusta) e intenta no hacer ruido y no despertarla. Naturalmente, no lo consigue. Usted inmediatamente le pregunta en tono de reproche si está borracho. ¿Cómo reacciona él?

- ❑ Murmura: «Nooo. No estoy borracho para nadaaa».
- ❑ Le comenta la velada con una voz lo más equilibrada posible, pero habla mucho más fuerte y rápido que habitualmente.
- ❑ Sólo dice: «No he bebido mucho. De verdad».
- ❑ Lo niega pero, evidentemente, evita su mirada.
- ❑ Responde: «Estoy sobrio. ¡Que me parta un rayo si no estoy diciendo la verdad!».

2. Usted quería asistir a un concierto después del trabajo con una compañera. Ella se lo cancela en el último minuto, así que llega a casa antes que su pareja. En el contestador automático hay un mensaje de una tal Charlotte, a quien usted no conoce, pidiéndole a su «querido» en una voz susurrante que le devuelva la llamada. ¿Qué sucede cuando después usted lo saca a relucir?

- ❑ «Quién se supone que debía ser», balbucea. «No conozco a esa persona».
- ❑ Dice: «No tengo ni idea, querida. Tiene que haberse equivocado de número». Sin dejar de rebuscar en su maletín.

- «Debe tratarse de un chiste malo», intenta explicar, sin mirarla.
- «¿Es que no puede descansar un hombre después de una larga jornada de trabajo?», pregunta agresivamente como si buscara pelea. «La verdad es que no estoy de humor para afrontar tus ridículas insinuaciones.»
- «No tiene nada que ver conmigo», dice, y la mira con ojos de corderito. «Lo juro sobre la tumba de mi madre.»

3. Desde hace mucho tiempo tiene planificada una noche en la ópera y le pide a su pareja que compre las entradas. Como quiere asistir al estreno, es necesario hacerlo inmediatamente. Cuando tres días después le pregunta por las entradas, resulta que ya no quedan y que usted se ha quedado sin entradas. Desengañada, le pregunta por qué no compró las entradas a tiempo. ¿Qué sucede?

- Se indigna y empieza a gritarle. Reacciona con una vehemencia inesperada y cuesta tranquilizarle. Luego le dice que, de todos modos, no le apetece ir con usted a ningún lado.
- Le explica una complicada historia para justificar sus acciones y que contiene la frase: «Deberías creerme», tres veces como mínimo.
- Le cuenta una enrevesada historia sobre sus intentos fracasados de conseguir las entradas, se seca repetidamente los ojos y se frota la punta de la nariz.
- Le sonríe, pero con una sonrisa agónica, y afirma que ya no quedaban entradas desde hace mucho tiempo, desde antes de que usted le pidiera que las comprara.
- Intenta despistar y se sonroja.

4. Es su aniversario de boda. Su pareja tiene que salir de casa muy temprano porque tiene una cita de trabajo, de modo que no se ven hasta la noche, cuando él regrese de la oficina. Al principio, usted deja su regalo en su mesita de noche y espera a ver qué sucede. Cuando él se pone a leer el periódico, tiene usted toda la seguridad de que se ha olvidado del aniversario. Le pregunta con cuidado al respecto, sin reproches y sin echarle la culpa. ¿Qué hace él?

- ❑ Afirma haberse olvidado el regalo en el coche, sale y regresa diez minutos más tarde con un ramo de flores y una sonrisa de perdón en la cara.
- ❑ Dice con convicción, pero con un tono de voz mucho más elevado de lo habitual: «Querida, no es necesario que nos demostremos nuestro amor con cosas materiales, ¿verdad?».
- ❑ Explica con excesivas palabras que todo es culpa de su secretaria y hunde las manos en los bolsillos.
- ❑ Se pone a correr de arriba abajo de la casa y afirma repetidamente haber escondido el regalo en algún lado y no ser capaz de encontrarlo. Al día siguiente, se presenta con un regalo que, por pura coincidencia, ha encontrado por la mañana.
- ❑ Tartamudea unos minutos sin ser capaz de explicar lo que ha pasado y dice «um» y «bien» todo el rato, algo que normalmente no es su manera de expresarse.

5. Usted y su pareja han sido invitados a una fiesta de Nochevieja en casa de un amigo. Es un acto semioficial y quiere quedar bien bajo cualquier circunstancia. Después de haberse probado el armario entero, acaba poniéndose el primer vestido que sacó. Le pregunta a su pareja qué le parece. ¿Cuál es la respuesta?

- ❑ «Maravilloso, querida», sin haberla mirado ni siquiera una vez.

- ❑ Se ajusta la corbata hasta que le queda perfecta y murmura, casi sin que se le oiga: «Llegamos tarde. Todo está bien. Tenemos que irnos, de verdad».
- ❑ «Ya sabes que siempre me pareces preciosa», afirma, intentando sonar con la mayor sinceridad posible.
- ❑ «Preciosa. ¿Por qué tendría que mentirte? Ya sabes que nunca lo haría.»
- ❑ «Maravillosa», dice, y sale corriendo del dormitorio.

Puntuaciones: El pequeño test de los timos y las mentiras inocentes

Cuente las casillas que ha señalado y lea la sección que le corresponda.

Entre 0 y 5 casillas marcadas

¡Es usted asombroso! Parece estar inmunizado incluso frente a las pequeñas mentiras del día a día. Si ha respondido con sinceridad a las preguntas de este test (y evidentemente suponemos que lo ha hecho), es usted un verdadero fenómeno… o un pobre bobo.

¿Por qué? Muy sencillo: si va por la vida pensando «Nunca podría mentir a nadie», y le dice a todo el mundo la verdad, no está haciendo ni a usted ni a sus amigos ningún favor. Recuerde que a la mayoría de gente no le gusta ver la verdad directamente en los ojos. La gente dice que ama la verdad, pero en realidad lo que quiere es creer que lo que ama es verdad.

Entre 6 y 14 casillas marcadas

Está usted en la media. No miente conscientemente ni con intención, pero usa alguna que otra trampa para quedar mejor, para no llamar la atención o para hacer un favor a los demás.

Mientras se asegure de no utilizar con excesiva frecuencia las mentiras inocentes y, por lo tanto, no enredarse en una red de mentiras de la que no puede salir sin sufrir daños, todo está bien.

Entre 15 y 20 casillas marcadas

¡Si las mentiras fuesen música, usted sería una orquesta sinfónica! Las mentiras inocentes son su forma habitual de comunicación y las utiliza según sus necesidades. Pero incluso estando convencido de su habilidad para engañar a los demás, debería ir con cuidado. Esto es especialmente cierto si de pequeño solía mentir a sus padres para evitar castigos y ahora no puede retroceder de algo que se ha convertido en mentiras sólidas y fraudes.

La mayoría de las mentiras acaban detectándose porque implican emociones que se desbordan a modo de semáforos rojos visuales y verbales. Cuanto más grande es la mentira y más emociones se ven implicadas, más pistas irá dejando el mentiroso.

El test definitivo para detectar mentiras

Independientemente de que su pareja sea hombre o mujer, de que haya respondido la parte 1 o 2 del test: si ha señalado más de una casilla en cualquiera de las preguntas, puede estar casi seguro de que su pareja le miente.

Si sospecha con frecuencia o si un número importante de las situaciones descritas encaja con su pareja, debería urgentemente tener unas palabras con ella.

Tenga en cuenta que algunos de los signos mencionados aquí vienen a demostrar que la persona está experimentando estrés de algún tipo pero que en ningún momento son garantía de que dicha persona esté mintiendo. Existe también un pequeño porcentaje de gente, como políticos o fanáticos religiosos, que se sienten cómodos con la mentira y no muestran muchos signos relacionados con el estrés, que pueden acabar creyéndose sus propias mentiras y, por lo tanto, no exhiben signos de engaño. Pero la mayoría de mentirosos exhiben muchos signos, prácticamente siempre.

Existe una razón por la cual las mujeres son mejores que los hombres en lo que a detectar mentiras se refiere:

Los exámenes del cerebro realizados mediante resonancia magnética revelan que cuando la mujer media se comunica cara a cara, posee entre catorce y dieciséis zonas clave en ambos hemisferios cerebrales. Estas zonas se utilizan para decodificar palabras, cambios en el tono de voz y señales del lenguaje corporal, y son las responsables de lo que se conoce como «intuición femenina». Normalmente, el hombre posee entre cuatro y siete de estas zonas, porque el cerebro masculino ha evolucionado de cara a las tareas espaciales, no de cara a la comunicación.

Esto proporciona a las mujeres la ventaja adicional de ser capaces de leer señales corporales y de escuchar lo que se les dice mientras hablan. Los hombres, con sus cerebros de seguimiento exclusivo, se centran en una pieza de información cada vez y, como consecuencia de ello, se pierden la mayoría de las señales corporales.

7

La otra mujer: su madre

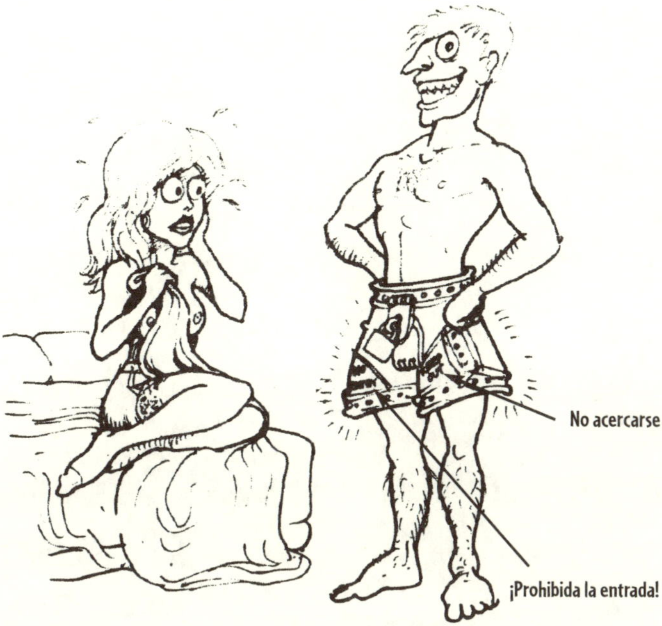

No fue hasta su noche de bodas que Jane se dio cuenta de que Martin, de treinta y seis años de edad, seguía permitiendo que su madre le comprara la ropa interior.

Llega el dragón

Seguramente las suegras inspiran más chistes que cualquier otro grupo de gente que pueda existir sobre la capa de la Tierra. Son constantemente el motivo de humor de los cómicos, de los hombres y de los programas de televisión, aparecen caracterizadas como brujas, arpías o fieras. Lenin, uno de los fundadores de la Rusia moderna, dijo, cuando se le preguntó sobre cuál sería la pena máxima por cometer bigamia: «Tener dos suegras».

Las suegras causan problemas en los matrimonios de mucha gente, y hasta un tercio de las rupturas se achacan a la influencia de la suegra. Y, a menudo, las suegras reciben la culpa de los defectos y los problemas emocionales de sus nueras o yernos. Pero no todas las suegras personifican esa temida reputación de maldad. La mitad de ellas son, a lo peor, neutrales y a lo mejor, miembros cariñosos, colaboradores y generosos de la familia.

Sin embargo, no es normalmente la madre de la mujer la que provoca la mayoría de los problemas. Las investigaciones han descubierto, una y otra vez, que el auténtico peligro se encuentra en la madre del hombre. Puede que su suegra provoque la mayoría de sus quejas públicas, pero normalmente se trata más de palabrería que de protestas sobre problemas reales. Es posible que la suegra del hombre lo haga enfadar, lo incordie y lo exaspere, pero no suelen caerles tan mal. Los problemas con la suegra rara vez llegan a dominar la vida del hombre.

Un viejo proverbio polaco dice: «El camino hacia el corazón de la suegra es a través de su hija». Y los hombres se dan cuenta de ello. Lo que la mayoría de las madres de mujeres quieren, más que nada en el mundo, es ver a sus hijas felices. Y si los hombres de su vida pueden hacerlas felices, es muy poco probable que les causen problemas. Los problemas de suegros suelen, en este caso, venir más por parte de los suegros, que se niegan a soltar a su querida «princesita».

Es muy probable que los tests que aparecen en este capítulo atraigan por encima de todo a las mujeres, sobre todo debido al hecho de que los hombres no suelen preocuparse mucho por su suegra. A pesar de ello, deberían también, como mínimo, leer los tests y, sobre todo, las puntuaciones, ya que contienen información muy valiosa que podría ayudarles a solucionar disputas. Hay un test, sin embargo, que hemos concebido especialmente para hombres, para que tomen conciencia de los posibles problemas entre su pareja y las madres de ellas.

El calentamiento

Hemos reunido aquí los mejores chistes sobre suegras para que le sirvan a modo de calentamiento para los tests que siguen a continuación. Elija el que más le guste, compárelo con el que haya elegido su pareja, y ríase con ganas antes de pasar al aspecto más serio del tema.

¿Cuál es la diferencia entre un Rottweiler y una suegra? Que, al final, el Rottweiler acaba largándose.

— • —

«Esta mañana ha venido mi suegra. Cuando he abierto la puerta, me ha preguntado: "¿Puedo quedarme unos días?".

"Por supuesto que sí", le he respondido. Y he cerrado la puerta».

— • —

Adán y Eva fueron la pareja más feliz y afortunada del mundo, porque ninguno de los dos tenía suegra.

— • —

¿Cuántas suegras se necesitan para cambiar una bombilla? Una. La coge y espera a que el mundo gire en torno a ella.

— • —

Los compañeros de trabajo le preguntan a un hombre: «¿Qué haces hoy en la oficina? ¿No ibas al funeral de tu suegra?».

«Sí que iré», responde. «Pero los negocios están por delante del placer.»

— • —

Si pudieras convencer a tu suegra de que caminase quince kilómetros diarios, pasada sólo una semana estaría a más de cien kilómetros de distancia.

— • —

Un hombre va a que le lean la mano. La adivina le dice: «Mañana tu suegra va a morir repentinamente».

«Lo sé», responde el hombre. «Pero ¿me absolverán?»

— • —

Mi suegra y yo fuimos felices durante veinte años. Luego nos conocimos.

— • —

«Hoy he recibido un mensaje de correo electrónico diciéndome que mi suegra ha fallecido y pidiéndome que disponga el enterramiento, la cremación o el embalsamamiento. Y he respondido: "Por supuesto, haré los preparativos para los tres".»

El gran test de la resistencia

¿Discute a menudo con su pareja por culpa de la madre de alguno de los dos? Con este test descubrirá hasta qué punto la suegra es, o no, una carga para su relación. Señale las casillas situadas delante de las frases con las que esté de acuerdo.

- ❑ ***Mi suegra ha ejercido de madre y ha mimado a mi pareja toda su vida. Le cocinaba, limpiaba, lavaba y planchaba. Ahora él espera que yo haga lo mismo y su madre apoya esta actitud.***
- ❑ ***Mi suegra suele entrometerse en nuestra relación sin que se lo pidamos, y siempre se pone del lado de su hijo.***
- ❑ ***Me alegro cuando nos vamos de vacaciones porque entonces puedo pasar dos semanas sin tener que ver a mi suegra.***
- ❑ ***Mi pareja está más relajada durante las vacaciones y discutimos mucho menos que cuando estamos en casa.***
- ❑ ***He acusado repetidamente a mi pareja de que la relación que mantiene con su madre es demasiado estrecha y de que le hace demasiado caso.***
- ❑ ***Cuando termina la Navidad siempre es un respiro, porque mi suegra vuelve a marcharse.***
- ❑ ***Mi suegra consiente a mis hijos y a menudo ignora mis instrucciones de no darles chucherías.***

- ❑ ***Mi suegra no comprende que mi pareja y yo necesitemos tiempo para nosotros de vez en cuando y se siente fácilmente ignorada.***
- ❑ ***A menudo me siento incómoda e insegura en presencia de mi suegra. Siento como si me estuviera vigilando constantemente.***
- ❑ ***Mi suegra insiste en que vayamos a comer cada domingo. Siempre prepara la comida favorita de mi pareja para que «el chico coma decentemente para variar».***
- ❑ ***Mi suegra nos llama a menudo y pregunta siempre a mi pareja cuándo va a ir a cortarle el césped, a pintarle la casa o a realizar cualquier otro trabajo para ella.***
- ❑ ***Mi suegra pide cosas constantemente.***
- ❑ ***Mi suegra me critica siempre y subraya una y otra vez que ella hace las cosas de otra manera, sea en la cocina, en las labores de la casa o en la educación de los hijos.***
- ❑ ***En mi opinión, mi suegra exige demasiada atención por parte de mi pareja.***
- ❑ ***Mi suegra es tremendamente curiosa. Constantemente quiere saber los detalles más íntimos de nuestro matrimonio.***
- ❑ ***Mi suegra no quiere creer que soy capaz de cualquier cosa y siempre me da consejos sin que se los pida.***
- ❑ ***Mi suegra espera que mi pareja le obedezca como si fuera todavía un niño y se enfada cuando no lo hace.***
- ❑ ***Mi suegra quiere estar en todo y enseguida se siente excluida.***
- ❑ ***Mi suegra siempre aparece en casa sin invitación previa y sin previo aviso porque, según ella, «es de la familia».***
- ❑ ***Ya me he planteado dejar a mi pareja por culpa de su madre.***

El test definitivo de la suegra

¿Y su suegra, entonces? ¿Tiene suerte y se lleva bien con ella? ¿O siempre se mete por medio y convierte su vida en un infierno? Este test le ayudará a tener claro qué tipo de persona es su suegra: una arpía despiadada o una amiga maternal, una egoísta dominante o una implacable quejica. El test que sigue se lo dirá. Señale las frases que mejor encajan con su suegra. Señale sólo una respuesta por pregunta.

Parte 1: A responder por mujeres

Su pareja y su madre

1. Se acerca el cumpleaños de su pareja y está pensando en prepararle una fiesta. Como sus suegros viven en la misma ciudad, los invita también. ¿Qué sucede?

a. Su suegra se presenta sin invitación previa unos días antes de la fiesta para comentar con usted algunos detalles. Se ofrece a llegar más temprano y ayudarla con los preparativos. Quiere preparar el postre y nada puede disuadirla. Y naturalmente, no se marcha hasta que usted le dice lo que le ha comprado a su pareja como regalo. (Tipo C)

b. Cuando invita a su suegra a la fiesta, lo primero que ella quiere saber es qué hay de cena. Entonces realiza sugerencias para cambiar el menú. Al fin y al cabo, ella conoce mejor que usted lo que le gusta a su pareja, lo conoce desde hace mucho más tiempo. Comenta, como siempre, la lista de invitados y quiere comprender mejor por qué no piensa invitar a la tía Ágata, algo que, por cierto, no considera en absoluto aceptable. (Tipo B)

c. Su suegra se siente ofendida porque no le ha contado con antelación lo de la fiesta. Le habría gustado ser ella quien organizara una cena y se siente dejada de lado. La acusa de haber actuado por su cuenta. Después se queja a su pareja de usted e intenta hacerle cambiar a él de idea respecto a la fiesta. (Tipo A)
d. Unos cuantos días antes de la fiesta, la llama su suegra para agradecerle la invitación. Después de una breve conversación, se despide porque tiene cosas que hacer. Antes de colgar le menciona que le encantaría poder ayudarla si necesita cualquier cosa. (Tipo D)

2. Falta poco para Navidad. Usted y su pareja deciden pasar las fiestas por su cuenta. No piensan visitar ni invitar a sus padres ni a los de él (ambas parejas viven a más de ciento cincuenta kilómetros). Cuando su suegra se entera de su plan...

a. ... sufre un ataque de nervios al teléfono con una actuación que incluso debería ganar un Oscar. Acusa a su pareja de romper la tradición familiar y no tiene intención de aceptarlo, por supuesto. Y la acusa a usted de pasar de la familia. Se pone a gritar y, finalmente, le lanza un ultimátum. (Tipo A)
b. ... inmediatamente quiere saber por qué no quieren ir y qué harán en cambio. Cuando se entera de que sus padres también estarán sin ustedes, se siente, como mínimo, más aliviada. A pesar de ello, durante los días siguientes la llama unas cuantas veces para explicarle que, naturalmente, todas sus amistades reciben la visita de sus hijos por esas fechas. (Tipo B)
c. ... se alegra por ustedes y espera que se lo pasen bien. Ella también ha decidido romper con la tradi-

ción navideña y, secretamente, ha reservado un viaje para ella y su marido. (Tipo D)

d. … le dice lo mucho que siente que no vayan, pero lo acepta y no intenta convencerla de cambiar de idea. A pesar de ello, el día de Navidad llama al menos tres veces y les manda un enorme paquete para recordarle a su pareja que la Navidad se celebra en casa. (Tipo C)

3. Usted y su pareja quieren casarse. Comunica la feliz noticia a sus suegros. ¿Cuál de las siguientes frases le parece más probable que diga su suegra?

a. ¡Felicidades! Me siento muy feliz por vosotros. (Tipo D)
b. ¿No crees que es un poco pronto para eso? (Tipo A)
c. ¡Asegúrate de tratar bien a mi niño! (Tipo B)
d. Bienvenida a la familia. Espero que nos llevemos bien. (Tipo C)

4. Usted y su pareja esperan la llegada de un hijo para dentro de tres meses. Juntos discuten las bajas de maternidad y paternidad y la rutina del cuidado del futuro bebé. ¿Cómo se comporta su suegra?

a. No cesa de repetir que estaría encantada de encargarse ella del bebé en el caso de que ambos decidieran volver al trabajo rápidamente después del nacimiento. Además, pasa más tiempo en casa de ustedes que en la suya y apenas puede reprimirse de acompañarla en las visitas al ginecólogo o a comprar el cochecito. Incluso quiere estar presente en el momento del nacimiento. (Tipo C)
b. Le trae montañas de libros sobre el tema e interfiere constantemente en sus discusiones. Sin que se le

pida opinión, le explica su experiencia y las de sus amigas, no encuentra bien nada de lo que usted dice y le comenta lo mal que le parece separar al bebé de su madre demasiado pronto. (Tipo B)

c. Si usted se la pide, le da su opinión sobre las ventajas y las desventajas. Exceptuando eso, piensa que es un asunto que usted tiene que decidir. A pesar de ello, sabe usted que puede confiar en ella, independientemente de cuál sea su decisión. (Tipo D)
d. En primer lugar, le explica cómo eran las cosas en sus tiempos y le dice, sin lugar a dudas, que madre e hijo deben estar juntos. El hombre es el que trae el pan a casa, así es como debería ser. (Tipo A)

5. Ya ha nacido su hijo y están todavía intentando solucionar la situación. ¿Qué hace su suegra?

a. No deja de preguntar por su nieto y le da montones de consejos durante las primeras semanas. Subraya constantemente lo importante que es usted durante esta fase esencial y conoce una anécdota para cada situación posible. (Tipo B)
b. Le gusta ir a su casa si la invitan y siempre quiere saber de antemano si le iría a usted bien que fuera a visitarles. A menudo trae algún detalle y le echa una mano cuando está usted liada. (Tipo D)
c. Llama cada día para preguntar sobre usted y el bebé y para saber cuándo puede venir de nuevo a visitarlos. Cuando llega, a menudo se queda más rato de lo previsto porque le resulta imposible separarse del bebé. Además, quiere conocer todos los detalles sobre el nacimiento. (Tipo C)

d. Se mete en todo lo que usted hace. En casos extremos, se queja de usted e incluso la insulta. Tan pronto como su pareja se lo comenta, ella lo niega todo y la acusa a usted de querer distanciarla de su hijo. (tipo A)

6. ¿Cómo se comportó su suegra cuando se conocieron?

a. Se acercó y, enseguida, empezó a hablarle como si fuesen viejas amigas y le contó toda su vida. (Tipo C)
b. La acosó a preguntas sobre su vida diaria y le explicó cómo «funciona» su pareja. (Tipo B)
c. Después de una cálida bienvenida, iniciaron una agradable conversación y pasaron unas buenas horas juntas. (Tipo D)
d. Le formuló preguntas críticas de todo tipo y, después de media hora, le aconsejó sobre cualquier problema que surgiera. (Tipo A)

Parte 2: A responder por hombres

Su pareja y la madre de usted

¿Se llevan bien su pareja y su madre? ¿O suele haber mal ambiente porque tienen opiniones muy distintas? ¿Es el problema siempre culpa de su pareja, como su madre suele afirmar? ¿O tiene su madre también parte de culpa? ¿Sigue estando todo dentro de los parámetros de la normalidad o se necesita urgentemente poner manos a la obra para no poner la relación en peligro? Este test le dará las respuestas. Señale las casillas delante de las frases con las que esté de acuerdo.

- ❑ ***Su madre le comenta con frecuencia una de las siguientes cosas:***
  «¡Después de todo lo que he hecho por ti!»
  «Ya he dejado de importarte.»
  «Cuando me haya muerto y ya no esté, te arrepentirás.»
  «Eres un egoísta, igual que tu padre.»
  «Me siento tan sola, ahora.»
- ❑ ***Su madre le evoca sentimientos de culpa y usted se pone a defender a su madre en contra de su pareja.***
- ❑ ***Considera que ocuparse de su madre es su deber, pero su pareja no parece ser de la misma opinión, pues ha comentado más de una vez que su madre ocupa mucho espacio en la casa.***
- ❑ ***Su pareja no comprende por qué va con tanta frecuencia a hacer reparaciones u otros trabajitos a casa de su madre.***
- ❑ ***Su madre se queja de que su pareja la excluye.***
- ❑ ***Su madre quiere dar consejos a su pareja, pero su pareja se siente dominada y los evita.***
- ❑ ***Ambas mujeres compiten celosamente sobre sus hijos y tienen opiniones opuestas sobre las principales cuestiones de su educación.***
- ❑ ***No comprende por qué todo el mundo está siempre tan furioso mientras usted lo único que pretende es llevarse bien con todo el mundo.***
- ❑ ***A su madre todavía le gusta obsequiarle con su comida favorita, algo que pone furiosa a su pareja. Pero el asado de su madre es, simplemente, el mejor.***
- ❑ ***Cuando su pareja quiere hablar con usted sobre su madre, acaban enfadándose porque usted piensa que su pareja exagera demasiado.***
- ❑ ***A diferencia de su pareja, a usted no le importa que su madre se presente sin previo aviso. Al fin y al cabo, no tienen nada que esconder.***
- ❑ ***Su pareja suele sentirse controlada por su madre, que, simplemente, se interesa por su vida.***

- ❑ ***Al principio su madre y su pareja se llevaban bien. La relación empezó a amargarse cuando empezaron a vivir juntos... y usted no comprende por qué.***
- ❑ ***Su madre sigue quejándose de que su pareja confía más en su propia madre que en ella.***
- ❑ ***A veces tiene usted la impresión de que ambas mujeres compiten por usted.***

Puntuaciones: El gran test de la resistencia

Cuente las casillas que ha señalado y lea la sección que le corresponda.

Entre 0 y 5 casillas marcadas

La verdad es que no puede quejarse de su suegra. Apenas pone tensión sobre su relación. Evidentemente ha conseguido crear una buena relación con la madre de su pareja e integrarla adecuadamente en su propia relación. Los tres son personas emocionalmente equilibradas e independientes, sin egoísmo y con amor, y en su comportamiento no existen celos, posesión, dependencia, inmadurez, egoísmo ni inestabilidad emocional. Pero no olvide establecer los límites de vez en cuando, aun en el caso de que la ayuda y los consejos de su suegra sean siempre bienvenidos. Es la única manera de mantener viva la buena relación.

Entre 6 y 14 casillas marcadas

La relación con su suegra no sufre tensiones graves, pero suele ser el motivo de discusiones desagradables entre usted y su pareja. Tenga en cuenta lo siguiente: los hijos rara vez hablan con sus madres de nada. En consecuencia, una suegra posee poca información y empieza a sentirse excluida de la nueva familia de su hijo y a pensar que la única manera de poder incluirse en ella es forzándolo a través de su presencia constante.

Quizá debería intentar ser un poco más diplomática en el futuro e integrar un poco más a su suegra. Así ella se sentirá más aliviada y se retirará por sí sola.

Lo último que una mujer necesita es una suegra que se queje de ella ante su pareja. Lo que necesita es una aliada y no una enemiga. Por lo tanto, tiene que ser usted la que lo intente y quien tienda los puentes, porque si no invierte tiempo en la relación con su suegra, obtendrá dividendos negativos.

Entre 15 y 20 casillas marcadas

La relación sufre una tensión considerable. Tiene usted una suegra pesada, posesiva y metijona que no está dispuesta a cortar el cordón umbilical con su hijo. Hay días en que las crisis con su suegra parecen tan inmanejables y le causan tanto dolor, que se plantea usted incluso el divorcio. Pero usted tiene que conseguir que funcione. Como mujeres que son, necesitan solucionar estos problemas de relación entre ustedes, sin involucrar a sus maridos o hijos. Por lo tanto, tendrá que ser lo suficiente lista como para tomar el control de la situación. En lugar de criticar a la madre de su pareja, resulta mucho más efectivo entrenarle a él para que haga lo que usted desea que haga, y dejar de culpar a su madre. Él es ahora un adulto y debe ser responsable de sus acciones.

El test definitivo de la suegra

Cuente la cantidad de respuestas A, B, C y D. Cada respuesta vale un punto. Lea la sección que corresponda a la letra que haya sumado más puntos.

Tipo A

¡Su vida no es fácil! Su suegra es una déspota. Siempre se sale con la suya, todo el mundo permite que se salga con la suya para poder vivir en paz y todo el mundo hace lo que ella dice. Siempre que lanza usted una opinión que no coincide con la suya acaba produciéndose una discusión. Reacciona de forma extremadamente emocional a cualquier oposición. Al fin y al cabo, ella es la única que sabe lo que está bien y lo que está mal, especialmente en lo que a su niño (es decir, su pareja) se refiere.

En consecuencia, no se corta en absoluto cuando se trata de decirle a usted lo que debería cambiar y no se calla las críticas ni lo que no le gusta. Este tipo de persona es difícil de tratar, ya que en cuanto se muestran signos de oponerse a lo que piensa, se siente de inmediato tratada injustamente. Es evidente que ve a la pareja de su niño como una rival y, por temor a perderlo, intentará mantener y defender su posición.

Por lo tanto, no tendrá usted únicamente que ir con mucho cuidado cuando esté con ella, sino que además necesitará toneladas de paciencia. Desgraciadamente, siempre será difícil mantener con ella una relación relajada.

Tipo B

Su suegra le quiere bien y suele ser una persona agradable y entregada, pero es muy dominante y se mete en su vida más de lo que usted considera aceptable. Lo sabe todo, lo comenta todo y es moralista, aunque siempre da los consejos en un tono amistoso. Desgraciadamente, siempre habla sin que se lo pidan e intenta influir sobre su vida diaria, desde la educación de los hijos, la elección del lugar para ir de vacaciones o las cuestiones domésticas, como el modo correcto de llenar el lavavajillas o de fregar el suelo... tiene que meter las narices en todo. Es su única manera de seguir manteniendo el control, y ese es definitivamente su objetivo.

Siempre quiere que se le deje estar en todo y no le importan sus propias cosas, disfrazándolo como preocupación por la familia. Básicamente, se lleva bien con este tipo de suegra, siempre y cuando le permita seguir su camino. Al fin y al cabo, ella no la considera como su rival, sino que lo único que quiere es lo mejor para su hijo.

Tipo C

Su suegra es una persona amistosa y de buen corazón. Parece ser simpática, altruista y casi perfecta... simplemente, tiene que gustarle. Trata a los amigos y a la pareja de su hijo como si siempre hubieran formado parte de la familia y la ha recibido a usted bien.

Es muy buena con todo el mundo y se anticipa a todos los deseos de usted y de su pareja. Si necesita ayuda, siempre está allí.

Confió fácilmente en usted y le cuenta los detalles más íntimos de su vida. Y allí está el problema de este tipo de persona. Fácilmente supera los límites y espera lo mismo por parte de usted: que le cuente los detalles más íntimos de su relación.

Mantiene una relación muy próxima con su hijo y se comporta como una buena amiga, pero se olvida a veces de un detalle: es la madre de su pareja y debería intentar mantener una saludable distancia, aunque fuese únicamente por el bien de la relación.

Tipo D

¡Felicidades! Tiene la mejor de las suegras. Es simpática, sin complicaciones, abierta, tolerante, generosa, agradable y, aun así, no se mete en su vida... casi perfecta. Se gustaron mutuamente desde el principio y pueden hablar de todo. Mantiene una relación de amistad con ella, a veces incluso se siente con ella como una amiga íntima, pero no siempre, con restricciones.

Su suegra respeta su privacidad y es ella misma la que establece los límites. Al fin y al cabo, aprovecha la libertad que ganó cuando su hijo se fue de casa. Es capaz de dejar vivir y de que su hijo viva su propia vida, con todas sus consecuencias. Y todo ello se suma a una relación amistosa y relajada llena de respeto mutuo.

Madre y nuera: ¿Cómo se llevan?

Cuente las casillas que ha señalado y lea la sección que le corresponda.

Entre 0 y 3 casillas marcadas

No tiene que preocuparse por la relación. Su pareja y su madre se llevan bien o muy bien. E incluso estando de vez en cuando en desacuerdo, son perfectamente capaces de solucionar sus problemas sin su ayuda. No necesita tomar ningún tipo de acción.

Entre 4 y 10 casillas marcadas

Aunque no quiera afrontarlo, la relación entre su pareja y su madre no es siempre de las mejores. Las dos mujeres están en desacuerdo en muchos temas y pelean a menudo. Intente ver la cuestión con objetividad y apoye a su pareja. Al fin y al cabo, es con ella con quien vive, no con su madre.

Entre 11 y 15 casillas marcadas

Su pareja y su madre tienen una relación de perros. Es imposible ignorarlo. Reúnase con ambas e intente hablar razonablemente. Saque a la luz los problemas que tengan e intenten buscar soluciones juntos. En caso de no ser posible, dispóngalo lo mejor que pueda con su pareja: incluya a su madre sólo en determinados asuntos (pero entonces, hágalo conscientemente), anímela a que lleve a cabo actividades por su propia cuenta y niéguele algunas cosas. Aprenda a establecer límites de una manera agradable. Su relación se lo merece si es esta la única manera de poder llevar una vida feliz e independiente.

8

Problemas de lenguaje

Los hombres nunca fueron grandes conversadores.

Reglas básicas de comunicación

En el capítulo 1 hemos hablado ya de los problemas relacionados con hablar y escuchar. Aquí queremos responder a la pregunta de por qué los hombres y las mujeres tienen tantos problemas de comunicación entre ellos.

Una cosa que queremos dejar clara desde el principio: los hombres son solucionadores de problemas y las mujeres son constructoras de nidos.

El mundo misterioso del lenguaje de las mujeres sigue divirtiendo e irritando a la mayoría de hombres. Y es básicamente sobre las cinco preguntas siguientes sobre el comportamiento comunicativo femenino que los hombres se cuestionan:

1. ¿Por qué hablan tanto las mujeres?
2. ¿Por qué las mujeres siempre quieren hablar sobre problemas?
3. ¿Por qué exageran las mujeres?
4. ¿Por qué parece que las mujeres nunca van al grano?
5. ¿Por que las mujeres quieren conocer siempre hasta el más mínimo detalle?

Las mujeres, por otro lado, suelen desesperarse ante el comportamiento comunicativo masculino y se preguntan:

1. ¿Por qué son tan directos los hombres?
2. ¿Por qué a los hombres siempre se les tienen que sacar las cosas con calzador?

3. ¿Por qué los hombres se quedan tan a menudo en silencio?
4. ¿Por qué los hombres nunca quieren conocer los detalles?
5. ¿Por qué los hombres siempre dan consejos sin que nadie se los pida?

Naturalmente, cada uno de estos comportamientos tiene diversas razones de ser que aquí no podemos considerar en detalle. Pero si tiene presentes las reglas siguientes no habrá nada (o poco, al menos) que pueda impedir una comunicación fluida entre usted y su pareja.

Reglas para que las mujeres se comuniquen con los hombres

- Procure que todo sea siempre lo más sencillo posible.
- Nunca hable de más de una cosa a la vez.
- Utilice frases cortas y claras y limítese a lo básico.
- Diga exactamente lo que quiere, es la única manera de que sus deseos se cumplan.
- Intente no interrumpirlo cuando habla.
- Si quiere discutir un problema serio, infórmele de lo que le gustaría hablar.
- Nunca opte por el castigo de no hablarle. A los hombres les encanta el silencio, es como un premio.

Reglas para que los hombres se comuniquen con las mujeres

- Limítese a escuchar y no olvide hacer de vez en cuando los sonidos típicos de que está escuchando y de utilizar expresiones faciales.
- Reprímase en cuanto a ofrecer soluciones.
- Exprese sus deseos indirectamente y diga siempre «por favor».
- No tome en sentido literal cada palabra que salga de la boca de ella.
- Lo que cuenta no es el contenido de lo que usted diga, sino su interés por la conversación.
- Nunca le diga que dramatiza las cosas y nunca la corrija delante de los demás.
- Dele siempre más detalles de los que normalmente daría.

El gran test de la comunicación

¿Qué tal se comunica con su pareja? ¿O básicamente hablan con objetivos completamente distintos? El siguiente test le dará una respuesta en blanco y negro. Obtendrá, además, diversas perspectivas apasionantes en cuanto a usted y a los demás.

Verá a continuación dos cuestionarios idénticos: uno para la persona que se somete al test (primer cuestionario) y otro para la pareja (segundo cuestionario). Responda primero las preguntas usted, luego pídale a su pareja que responda las suyas. Por su propio interés, no comente las respuestas con su pareja y recuerde, ¡no haga trampas!

Si quieren someterse mutuamente al test, copien ambos cuestionarios antes de completarlos, de modo que cada uno de ustedes pueda responder las preguntas de la persona que se somete al test y las de la pareja.

Nombre de la persona que se somete al test: ____________

Nombre de la pareja: ______________________________

1. ¿Qué temas son para usted los más importantes? (Dé tres respuestas como máximo.)

____

____

____

2. ¿De qué han estado hablando hoy usted y su pareja, sin tener en cuenta los temas del día a día?

____

3. Si se le concedieran tres deseos, ¿cuáles serían?

____

____

____

4. ¿Piensa que puede conversar bien con su pareja?

____

5. ¿Se siente lo suficientemente comprendido y apoyado por su pareja cuando tiene problemas?

____

6. ¿Cómo se comporta si su pareja tiene problemas?

____

7. En situaciones similares, ¿qué espera de su pareja?

____

8. ¿Considera que sabe usted escuchar?

____

9. ¿Piensa que su pareja le considera como una persona que sabe escuchar?

____

10. ¿Tiene siempre el oído atento a los deseos y las preocupaciones de su pareja?

____

11. ¿Pueden permanecer juntos en silencio o le resultan desagradables esos momentos?

____

12. En las discusiones con su pareja, ¿saca a menudo a relucir temas de discusión que ya cerraron hace tiempo?

____

13. De ser así, ¿qué espera obtener de ello?

____

14. ¿Tiene que dar por terminadas las discusiones antes de poder dormir tranquilo?

____

15. ¿Piensa que la necesidad de hablar de su pareja es similar a la suya?

____

16. ¿Se muestra terriblemente malhumorado por las mañanas y tiene que esconderse detrás del periódico, o puede ponerse a charlar sin problemas?

____

17. ¿Se siente satisfecho con la comunicación entre usted y su pareja?

____

Nombre de la persona que se somete al test: ___________

Nombre de la pareja: ___________________________

1. ¿Qué temas son para usted los más importantes? (Dé tres respuestas como máximo.)

____

____

____

2. ¿De qué han estado hablando hoy usted y su pareja, sin tener en cuenta los temas del día a día?

____

3. Si se le concedieran tres deseos, ¿cuáles serían?

____

____

____

4. ¿Piensa que puede conversar bien con su pareja?

____

5. ¿Se siente lo suficientemente comprendido y apoyado por su pareja cuando tiene problemas?

____

6. ¿Cómo se comporta si su pareja tiene problemas?

____

7. En situaciones similares, ¿qué espera de su pareja?

____

8. ¿Considera que sabe usted escuchar?

____

9. ¿Piensa que su pareja le considera como una persona que sabe escuchar?

____

10. ¿Tiene siempre el oído atento a los deseos y las preocupaciones de su pareja?

____

11. ¿Pueden permanecer juntos en silencio o le resultan desagradables esos momentos?

____

12. En las discusiones con su pareja, ¿saca a menudo a relucir temas de discusión que ya cerraron hace tiempo?

____

13. De ser así, ¿qué espera obtener de ello?

____

14. ¿Tiene que dar por terminadas las discusiones antes de poder dormir tranquilo?

____

15. ¿Piensa que la necesidad de hablar de su pareja es similar a la suya?

____

16. ¿Se muestra terriblemente malhumorado por las mañanas y tiene que esconderse detrás del periódico, o puede ponerse a charlar sin problemas?

____

17. ¿Se siente satisfecho con la comunicación entre usted y su pareja?

____

El arte de ofrecer la respuesta correcta

Este test está básicamente dirigido a los hombres. En la comunicación entre hombres y mujeres existen diversos terrenos problemáticos, pero es, especialmente cuando se trata de dar la respuesta correcta a preguntas complicadas, cuando las discusiones desagradables se ven condicionadas de antemano. Si es usted hombre, a buen seguro se está cansando de que, día sí día no, su pareja le eche en cara que nunca escucha, que nunca se interesa por sus problemas y que siempre la critica. ¡Acabemos con esto ya! El test que sigue le abrirá los ojos y le ayudará a reconocer los dimes y diretes de la comunicación femenina... y a evitarlos, naturalmente.

Así es como funciona: encontrará a continuación tres situaciones distintas en las que una mujer formula a su pareja una pregunta bastante complicada que, de responderse mal, puede dar lugar a una catástrofe moderadamente grave o grave, incluso. Entre las tres posibles respuestas o reacciones siempre existe la perfecta, la que resulta aceptable y la que es completamente errónea (al menos desde el punto de vista de la mujer). Básicamente, la cuestión es muy sencilla: simplemente tiene que darse usted cuenta de una vez por todas de cómo piensan las mujeres y así tendrá la garantía de darles siempre la respuesta perfecta.

Situación 1

Le invitan a un cóctel. Su pareja se ha comprado un vestido azul expresamente para la ocasión. Está ahora delante del espejo con un par de zapatos dorados en una mano y un

par de zapatos azules en la otra. Le pregunta: «Querido, ¿qué zapatos debería ponerme con mi vestido nuevo?».

a) Responde: «Los dorados», y entonces su pareja le pregunta, indignada, qué tienen de malo los zapatos azules. «Después de la fortuna que pagué por ellos y tú los odias, ¿verdad?», dice. Y finalmente le acusa de que a usted no le gusta su forma de vestir.
b) La felicita por su vestido diciendo, por ejemplo: «Estás tan impresionante con este vestido que esta noche llamarás la atención de todo el mundo. Soy un tipo afortunado teniéndote como acompañante para la fiesta». Si realmente es un tipo tan afortunado, ella no volverá a preguntárselo.
c) Simplemente le pregunta, a modo de respuesta: «¿Has elegido ya un par, querida?». A lo que ella responderá, con cierta inseguridad: «Los dorados», porque ya lo tiene decidido. Y a eso responde usted: «¡Estupenda elección! ¡Estarás fabulosa! ¡Me encantan!».

Situación 2

Acaba de llegar a casa del trabajo y cena con su pareja. Después de que ella le haya preguntado con todo detalle sobre su jornada (empieza usted a sentirse interrogado), empieza a contarle lo que ha hecho ella. Le explica que de vuelta a casa ha resbalado en la acera y se ha roto el tacón de uno de sus zapatos nuevos.

a) Interrumpe a su pareja y le dice: «La verdad es que no deberías ir de compras con tacones altos. ¿Por qué no te pones zapatos planos? Es más seguro». Y entonces ella le pregunta, indignada, por qué no se limita a escuchar cuando ella le explica alguna cosa.
b) La deja que termine y después le dice que, según un

estudio que ha leído hace poco, parece ser que muchos accidentes se producen debido a los tacones altos. Su pareja ignora expresamente el comentario antes de seguir relatándole el resto de su jornada.

c) La escucha con atención y va asintiendo de vez en cuando o murmurando, como muestra de aprobación, y después le pregunta: «¿Verdad que no te has hecho daño, querida?», lo que ella negará con una sonrisa antes de seguir relatándole su jornada.

Situación 3

Su pareja le llama cinco minutos antes de la reunión semanal de jefes de departamento. Le explica que se le ha pinchado la rueda trasera del coche volviendo de compras.

a) La interrumpe y le dice: «¿Cuántas veces tengo que decirte que tienes que comprobar regularmente la presión en la gasolinera? Si lo hubieses hecho no te habría sucedido». A continuación, su pareja le responderá con toda la artillería y le colgará el teléfono.

b) Interrumpe a su pareja con cuidado y le pide (recordándole que tiene una reunión) que le explique el resto de la tarde cuando disponga de más tiempo para escucharla. Es posible que le comprenda, si al menos se ha quitado de encima la parte más importante de su enfado.

c) Le pide a su secretaria que diga a los demás asistentes a la reunión que llegará tarde porque le ha surgido una urgencia (lo bastante fuerte como para que su pareja pueda oírle). Entonces dedica unos minutos más a escucharla y a consolarla.

La respuesta C es siempre la perfecta y la A es la que su pareja nunca desearía escuchar. El principio que hay detrás de todo esto es sencillo: las mujeres piensan en voz alta y consideran este tipo de comportamiento como un gesto de amistad, pues con él permiten que los demás compartan sus pensamientos. Les gusta, además, liberar sus sentimientos para así poder afrontarlos mejor. Los hombres no suelen comprender esta actitud y lo entienden como que la mujer está pasándoles una lista de problemas para solucionar lo antes posible. Las mujeres no esperan respuestas a este tipo de preguntas (y, definitivamente, no quieren sugerencias ni soluciones), sino disponer de alguien que las escuche con atención o que confirme lo que ellas dicen. En la mayoría de ocasiones tienen ya la respuesta, y simplemente quieren una confirmación.

A continuación exponemos tres situaciones más, similares a las anteriores. Anote su respuesta en las líneas que hay debajo de cada situación. Luego pídale a su pareja que anote la respuesta que habría deseado o esperado de usted. Ahora podrá demostrarle que no sólo comprende el problema, sino que además está preparado para aplicar sus conocimientos.

Situación 4

Estamos a mediados de abril y por fin ha llegado la primavera. Es tiempo de guardar la ropa de invierno y sacar la de primavera. Su pareja lleva toda la tarde haciendo esto y se coloca ahora frente a usted con su vestido de verano favorito.

Le pregunta: «¿No crees que este vestido me hace gorda?».

Su respuesta:

Lo que su pareja habría querido que usted escribiese:

Situación 5

Su pareja, que trabaja en una pequeña empresa farmacéutica, le explica que ha tenido una fuerte discusión con una compañera de trabajo sobre temas de distribución, y todo como consecuencia de un pedido muy grande que les ha entrado. Se le queja a usted de lo poco cooperadora que es su compañera. En un momento determinado dice: «Siempre acabo enfadándome con ella. La verdad es que ya no sé qué más hacer».

Su respuesta:

Lo que su pareja habría querido que usted escribiese:

Situación 6

La hermana de su pareja, que tiene un gusto bastante extravagante, celebra su cumpleaños el próximo fin de semana. Su pareja lleva tiempo pensando en el regalo, y la noche antes de la fiesta se presenta con un extravagante marco de fotografías de plata y le dice: «¿Crees que le gustará? Tenían también otros más sencillos. ¿Debería haber elegido uno de aquellos?».

Su respuesta:

___

___

___

Lo que su pareja habría querido que usted escribiese:

___

___

¿Qué significa eso? El test de la iluminación

Los problemas de comunicación entre hombres y mujeres suelen surgir porque la gente no acaba de comprender lo que los demás quieren. El test que sigue le ayudará a descubrir cómo se comunica usted. ¿Habla un lenguaje sencillo? ¿O expresa sus deseos y opiniones de forma indirecta? ¿Exagera a menudo o se pierde en los detalles? ¿O es más bien taciturno y se limita a lo básico?

Descúbralo ahora y, sobre todo, descubra cómo se comunica su pareja.

1. Su jefe le pide que le busque una información y le da el teléfono de un socio del negocio que lo ayudará en su investigación. Lo llama pero resulta que no puede ayudarle. Le proporciona el teléfono de otra persona que sí podría. Desgraciadamente, no puede contactar con esta segunda persona. ¿Qué hace?

a. Le explica a su jefe con todo detalle todo lo que ha hecho, con quién ha hablado y lo que hará a continuación. Al fin y al cabo, tiene que estar al corriente. (Tipo C)

b. Intenta contactar con la segunda persona y sigue en ello. Sin embargo, sólo contacta con su jefe cuando tiene la información que le ha pedido, de lo contrario, no hay nada de que informar. (Tipo A)

c. Si pasados dos días sigue sin haber contactado con esa persona, informa a su jefe de la situación y le dice que seguirá en ello. De lo contrario, podría pensarse que se ha olvidado del tema. (Tipo B)

2. Su rica tía cumple setenta y cinco años y usted no puede acudir a su fiesta. Decide entonces enviarle una tarjeta de felicitación. ¿Qué tipo de tarjeta elige?

a. Elige una tarjeta con un breve poema o una frase bonita en su interior para así no tener que escribir mucha cosa. (Tipo A)

b. Elige una tarjeta sencilla y escribe un texto personal y largo en su interior. Si no le queda espacio, escribe en un papel y lo coloca dentro. (Tipo C)

c. Elige una tarjeta con un motivo floral porque sabe que a su tía le gustará, y escribe unas cuantas líneas agradables. (Tipo B)

3. Se encuentra sentado cómodamente leyendo un libro cuando, de pronto, siente la necesidad urgente de tomar

una taza de café. Sin embargo, le da mucha pereza levantarse, así que se lo pide a su pareja. ¿Qué le dice?

a. «¿Te apetecería una taza de café?» (Tipo C)
b. «¿Me preparas una taza de café?» (Tipo A)
c. «Me encantaría tomarme ahora mismo una taza de café.» (Tipo B)

4. Acaba de llegar a casa de la fiesta de Navidad de la empresa y su pareja quiere saber cómo ha ido. ¿Qué le responde?

a. Le comenta las cosas más importantes, como el discurso del director, la comida, etcétera, pero brevemente. (Tipo B)
b. Le dice: «Bien... ha estado bien». (Tipo A)
c. Le explica con gran detalle quién estaba, qué tipo de comida les han dado, con quién ha hablado y de qué. Intenta no olvidar nada. (Tipo C)

5. Es sábado por la mañana y está desayunando con su pareja. Tiene muchas cosas planificadas para hoy y tiene que hacer varias cosas. ¿Cómo se lo comunica a su pareja?

a. Le ofrece la lista completa desordenada y le menciona todas las posibilidades y eventualidades para que se lo pueda imaginar lo mejor posible. (Tipo C)
b. Después de desayunar, se limita a decirle: «Tengo que hacer unas cuantas cosas. Te veo luego», y se va. (Tipo A)
c. Le cuenta brevemente sus planes e intenta coordinar sus actividades con las suyas. (Tipo B)

6. Alguien le dice: «¿Puedes cambiar el aceite del coche?». En su opinión, ¿a qué se refiere?

a. Muy claro: Esta persona quiere saber si es usted capaz de cambiar el aceite. (Tipo A)

b. Muy claro: Esta persona le está pidiendo que cambie el aceite. (Tipo C)
c. No está seguro, y le pregunta: «¿Quieres saber si puedo cambiar el aceite o quieres que lo haga?». (Tipo B)

7. Están con un grupo de amigos y tienen una animada discusión sobre diversos temas. La gente habla a la vez. ¿Qué opinaría del curso de la conversación?

a. Normal. Al fin y al cabo, usted mismo empieza muchas veces a hablar de una cosa y luego cambia de tema, para volver al primero unos minutos después. De todos modos, se trata de charlar con los demás. (Tipo C)
b. A veces le resulta un poco escandaloso, y entonces desconecta o sale a fumar un cigarrillo. Además, sólo toma parte en la conversación cuando tiene algo que decir que resulte esencial. (Tipo B)
c. Después del tercer cambio de sentido inesperado, se siente completamente inútil y no tiene idea de qué hablan los demás. Y cuando todo el mundo habla a la vez, tampoco puede pensar correctamente. (Tipo A)

8. Está de fin de semana con su pareja y pasan por un restaurante. Su pareja dice: «¿Te apetecería comer algo?». ¿Cómo reacciona usted?

a. Declina la sugerencia, pero le pregunta a su vez si él quiere tomar algo. (Tipo B)
b. Dice: «No, gracias, ahora no», y sigue caminando, porque en este momento no tiene hambre. (Tipo A)
c. No tiene hambre, pero responde: «Si tú tienes hambre, podríamos pararnos aquí». (Tipo C)

9. Una pareja discute y tiene la siguiente conversación:
Persona A: «Nunca estás de acuerdo con nada de lo que yo digo».
Persona B: «¿A qué te refieres con "nunca"? Esta mañana he estado de acuerdo contigo, anoche también y también el sábado pasado, de modo que no puedes decir que "nunca" estoy de acuerdo contigo».
Persona A: «¡Cada vez que saco el tema a relucir dices lo mismo!».
Persona B: «¡Mentira! ¡No lo digo cada vez!».

¿Cuál de las dos personas sería usted?

a. La persona A. (Tipo C)
b. La persona B. (Tipo A)
c. Ninguna. (Tipo B)

10. Su pareja regresa de un viaje de negocios donde ha intentado conseguir un nuevo cliente. Cuando le pregunta qué tal le ha ido, se limita a decir: «Bien. Hemos conseguido el objetivo». ¿Qué hace usted?

a. Como ya está todo claro, se siente satisfecho con la respuesta y feliz con su pareja. (Tipo A)
b. No queda satisfecho con la respuesta y sigue preguntando hasta obtener todos los detalles deseados. (Tipo C)
c. Pregunta si quiere contárselo con más detalle, y no se enfada si se niega a ello. (Tipo B)

Puntuaciones: El gran test de la comunicación

Compare sus respuestas y compruebe con qué frecuencia son similares o idénticas. Cuanto más se correspondan, mejor funciona su comunicación. Sin embargo, si se corresponde menos de un tercio de las respuestas, debería preocuparse seriamente por su relación.

¿Qué significa eso? El test de la iluminación

Cuente la cantidad de respuestas A, B, C y D. Cada respuesta vale un punto. Lea la sección que corresponda a la letra que haya sumado más puntos.

Tipo A

Claramente se comunica usted como un hombre y exhibe las características descritas en la introducción de este capítulo.

Intente ponerse en el lugar de su pareja de vez en cuando y tenga en cuenta que las mujeres se comunican de una manera que difiere por completo de la comunicación masculina.

El cerebro de la mujer está configurado para que utilice el habla como su principal forma de expresión y este es uno de sus puntos fuertes. Gracias a un flujo superior de información circulando entre el hemisferio cerebral derecho y el izquierdo, y con puntos cerebrales concretos destinados al habla, la conversación femenina es mucho más compleja que la masculina. Además, las mujeres utilizan las palabras para demostrar participación y construir relaciones, es una cuestión de evolución, igual que el hecho de que a las mujeres les gusta hablar mucho y compartir sus pensamientos. Si habla con su pareja teniendo en cuenta todos estos aspectos, y da un paso en dirección a adaptarse a su manera de comunicarse, entrará en el mejor camino hacia una relación feliz.

Tipo B

Dependiendo de la situación, se comunica usted más como un hombre o más como una mujer. Esta es, probablemente, la mejor manera que existe porque, gracias a su flexibilidad, es usted capaz de adaptarse a sus interlocutores y poner la situación a su favor. Evidentemente, se ha dado cuenta de que la comunicación no tiene que ver sólo con lo que se quiere decir y se dice, sino también con plantearse que la otra persona le comprenda. Para ello se requiere cierta sensibilidad y perspicacia, pero parece ser que usted las tiene.

Tipo C

Claramente se comunica como una mujer y exhibe las características descritas en la introducción de este capítulo.

Intente ponerse en el lugar de su pareja de vez en cuando y tenga en cuenta que los hombres se comunican de una manera que difiere por completo de la comunicación femenina, tal y como se describía al inicio de este capítulo.

Los hombres no pueden realizar un seguimiento múltiple porque el cerebro masculino es un sistema de seguimiento único. Por lo tanto, los hombres son capaces de encontrar su camino de A a B a través de un laberinto de calles, pero no son capaces de hablar de más de una cosa a la vez. Además, los hombres rara vez muestran su simpatía o cariño en palabras, sino a través de sus acciones. Eso, una vez más, es debido a la evolución, igual que el hecho de que a los hombres les gusta permanecer en silencio un rato voluntariamente y no permiten que los demás compartan sus pensamientos.

Si habla con su pareja teniendo en cuenta todos estos aspectos, y da un paso en dirección a adaptarse a su manera de comunicarse, entrará en el mejor camino hacia una relación feliz.